尚　书

SHANGSHU

李胜杰 ◎ 译注

光明日报出版社

图书在版编目（CIP）数据

尚书 / 李胜杰译注 . -- 北京：光明日报出版社，
2014.5（2024.3 重印）
（光明岛）
ISBN 978-7-5112-6316-2

Ⅰ.①尚… Ⅱ.①李… Ⅲ.①中国历史—商周时代②
《尚书》—译文③《尚书》—注释 Ⅳ.①K221.04

中国版本图书馆 CIP 数据核字（2014）第 069546 号

尚书
SHANGSHU

译　　注：李胜杰

责任编辑：秦艳丽　　　　　　　　　　责任校对：王腾达
封面设计：博文斯创　　　　　　　　　　责任印制：曹　净

出版发行：光明日报出版社
地　　址：北京市西城区永安路 106 号，100050
电　　话：010-67022197（咨询），67078870（发行），67019571（邮购）
传　　真：010-67078227，67078255
网　　址：http://book.gmw.cn
E - mail：lijuan@gmw.cn
法律顾问：北京德恒律师事务所龚柳方律师

印　　刷：北京一鑫印务有限责任公司
装　　订：北京一鑫印务有限责任公司
本书如有破损、缺页、装订错误，请与本社联系调换，电话：010-67019571

开　　本：150mm×220mm　　　　　　　印　张：12
字　　数：150 千字
版　　次：2014 年 5 月第 1 版
印　　次：2024 年 3 月第 4 次印刷
书　　号：ISBN 978-7-5112-6316-2

定　　价：29.80 元

目　录

虞夏书

尧典①

曰若稽古帝尧②，曰放勋③，钦、明、文、思、安安④，允恭克让⑤，光被四表⑥，格于上下⑦。克明俊德⑧，以亲九族⑨。九族既睦⑩，平章百姓⑪。百姓昭明，协和万邦。黎民于变时雍⑫。

【注释】

①尧典：记载帝尧事迹的典册书籍。尧，相传是原始社会后期一个著名的部落首领，名放勋，属陶唐氏，又称唐尧。本篇主要记述了尧时的制度和法令，其主体部分成于春秋孔子的时代，但也有秦汉时期的材料掺杂其中。

②曰若：句首发语词。稽：考察。

③放（fǎng）勋：尧的名号。

④钦：恭敬。明：通明。文：谓有文谋，与武相对。思：思虑、深思。安安：宽容，温和。

⑤允：确实。克：能。让：推贤让能。

⑥光：通"横"，充满。被（pī）：同"披"，覆盖。四表：四海之外。

⑦格：至。

⑧俊：大。

⑨九族：许多氏族。九是虚数，言其多。

⑩既：已。

⑪平：通"辨"。百姓：百官族姓。

⑫黎民：老百姓。于：助词。变：通"弁"，快乐。时：通"是"。雍：

和睦。

【译文】

考察古代传说,尧帝名叫放勋。他恭敬职事,通明事理,而且善治天下,谋虑深远,给人以温和宽厚的感觉。他严谨不懈,举贤让能,德高望重,天下四方的百姓都在颂扬他。尧发扬他的大德,以身作则,使各个氏族都和睦相处。各族和睦后,又辨明彰显朝廷百官的职守。百官职事辨明了,又进而团结其他部落,让天下老百姓都快乐和睦。

乃命羲、和^①,钦若昊天^②,历象日月星辰^③,敬授民时。

【注释】

①命:任命。羲、和:羲氏与和氏,相传为重黎之后,是掌管天文历象的官员。

②钦:恭敬。若:顺。昊(hào)天:苍天。

③历象:推算、观测天象。辰:据以分辨季节的标准星象,如下文的四中星。

【译文】

于是尧帝命令羲氏与和氏恭谨地遵循上天的意旨行事,根据日月星辰的运动规律,把推算总结出的历法知识告诉人民,以安排农时,方便耕作。

分命羲仲宅嵎夷曰旸谷^①,寅宾出日^②,平秩东作^③。日中、星鸟^④,以殷仲春^⑤。厥民析^⑥,鸟兽孳尾^⑦。

【注释】

①分:分别。宅:居住。嵎(yú)夷:泛指东方极远之地。旸(yáng)谷:传说中日出之处。

②寅:通"夤",敬。宾:迎接。

③平秩:使有次序。东作:春天的农作活动。

④日中:指昼夜时间均等,即春分时节。鸟:恒星名。

⑤殷:使……正。仲春:春分所在之月,指二月。古时以孟、仲、季分称四季的每三个月。

⑥厥:其。析:分散。

⑦孳(zī)尾:指鸟兽生育、繁殖。孳,哺乳动物的生殖。尾,虫鸟的生殖。

【译文】

分别任命羲仲居住在东方日出之处名为旸谷的地方,主持迎接日出的祭礼,并引导春天的农事活动按次序进行。昼夜一样长的日子,在南方天空正中傍晚可看到鸟星,说明是春分时节到了。这时气候温和,人民分散在田野里劳作,鸟兽也在繁殖、生育。

申命羲叔宅南交①,平秩南讹②,敬致③。日永、星火④,以正仲夏。厥民因⑤,鸟兽希革⑥。

【注释】

①申:又。南交:指南方极远之地。

②南讹:指太阳从北回归线向南移动。讹,动。

③敬致:指对日的祭祀、礼敬。

④日永:白昼最长的日子,指夏至。永,长。火:恒星名。

⑤因:指就高地居住。古人常居高以避水患。

⑥希革:毛羽稀疏。

【译文】

又任命羲叔居住在遥远的南交之地,观测太阳从北向南的移动,恭敬地主持祭日之礼。一年中白昼最长的日子,傍晚在南方天空正中看到大火星,就可以确定是夏至时节了。这时百姓居高以避水患,鸟兽毛羽稀疏以避炎热。

分命和仲宅西曰昧谷①,寅饯纳日②,平秩西成③。宵中、星虚④,以殷仲秋。厥民夷⑤,鸟兽毛毨⑥。

【注释】

①昧谷:传说中日落之处。

②饯:送。纳:入。

③西:太阳向西运转的情况。成:秋收。

④宵中:昼夜长度相等,指秋分。虚:恒星名。

⑤夷:平原地带。

⑥毨(xiǎn):毛羽重生。

【译文】

又任命仲居住在位于遥远的西方日落之处名为昧谷的地方,主持对落日的礼祭,引导秋收活动按次序进行。昼夜一样长的日子,在南方天空正中傍晚看到虚星,就可以确定是秋分时节到了。此时百姓离开高地而住在平原,气候转凉,鸟兽开始生出新毛。

申命和叔宅朔方曰幽都①,平在朔易②。日短、星昴③,以正仲冬。厥民隩④,鸟兽氄毛⑤。

【注释】

①朔方:指北方最远之地。幽都:指"幽洲"。

②在:观察。朔易:指太阳从南回归线向北运转。朔,极北之地。易,变动。

③日短:白昼最短之时,指冬至。昴(mǎo):一簇恒星的名称,也称髦头(旄头)。

④隩:通"奥",室内。

⑤氄(rǒng):细密的毛。

【译文】

又任命和叔住到极远的北方叫幽都的地方,以观测太阳从南向北的运行。白昼最短的日子,在南方天空正中傍晚能看到昴星团,可以确定是冬至时节到了。这时气候寒冷，人们都住在室内取暖，鸟兽也生出细软浓密的毛给自己保暖。

帝曰：“咨汝羲暨和^①，期三百有六旬有六日^②，以闰月定四时成岁^③。”

【注释】

①咨：告，命令。暨：与。

②期(jī)三百有六旬有六日：一年有三百六十六天。旬，十日为一旬。有，又。

③以闰月定四时成岁：由于月亮绕地球和地球绕太阳两个周期不一样，阴历要比阳历一年少十一天多，必须过几年设一闰月（“置闰”）才能使二者相合，否则四时会错乱。

【译文】

帝尧说：“我告诉你们啊，羲氏与和氏，一年有三百六十六天，你们制定历法时就用设置闰月的方法划分四季吧。”

允厘百工^①，庶绩咸熙^②。帝曰：“畴咨若时登庸^③？”放齐曰^④：“胤子朱启明^⑤。”帝曰：“吁^⑥！嚚讼可乎^⑦？”帝曰：“畴咨若予采^⑧？”驩兜曰^⑨：“都^⑩！共工方鸠僝功^⑪。”帝曰：“吁！静言庸违^⑫，象恭滔天^⑬。”

【注释】

①允：信，确实。厘：治，整饬。百工：百官。

②庶：众。绩：指政事。咸：都。熙：兴盛。

③畴：疑问代词，谁。咨：能。登庸：进用，提拔，也可以理解为登帝位。

④放(fǎng)齐：人名，传说中尧的大臣。

⑤胤(yìn)子：后嗣。朱：丹朱，尧之子。启明：智慧通达。

⑥吁(xū):叹词,表惊讶。

⑦嚚(yín)讼:愚顽丧德并且心地凶狠。讼,通"凶"。

⑧若予采:(谁能)胜任我的官位。采,政事。

⑨驩(huān)兜:尧的大臣,传说中他与共工、三苗、鲧合称为"四凶"。

⑩都(dū):叹美之词。

⑪共工:尧的大臣。方:通"旁",大。鸠:聚集、收集。僝(zhuàn):显现。

⑫静言庸违:善为巧言而行事邪僻。静,通"靖",巧伪。庸,用。违,违背。

⑬象恭滔天:表面恭敬却不信天命。象,似。滔,通"慆",轻慢。

【译文】

帝尧认真地整饬百官,政事也处理得很昌明。他说:"谁有治理国家的政治才能,我就提拔他。"大臣放齐说:"您的儿子丹朱开明通达,可以任用。"帝尧说:"唉呀!他缺乏德行,而且心地凶狠,怎么能行!"帝尧又问:"谁可以担任我的职位呢?"大臣驩兜说:"噢!共工吧,他能聚合众力,已能看出他的能力了。"帝尧说:"唉!他就会讲好话,但却阳奉阴违,表面恭敬,其实内心对天命很轻慢,根本就不信天命。"

帝曰:"咨①!四岳②,汤汤洪水方割③,荡荡怀山襄陵④,浩浩滔天⑤,下民其咨⑥,有能俾乂⑦?"佥曰⑧:"於⑨!鲧哉⑩。"帝曰:"吁!咈哉⑪,方命圮族⑫。"岳曰:"异哉⑬!试可乃已⑭。"帝曰:"往,钦哉⑮!"九载,绩用弗成⑯。

【注释】

①咨:叹词。

②四岳:官名或大臣名。

③汤(shāng)汤:波涛汹涌的样子。洪水:大水。割:同"害",祸害。

④荡荡:形容水奔突动荡的样子。怀:包围。襄陵:淹没丘陵。襄,

凌驾,这里指淹没。

⑤浩:盛大的样子。滔:弥漫。

⑥咨:哀叹。

⑦有:谁。俾:使。乂(yì):治理。

⑧佥(qiān):皆,都。

⑨於(wū):叹词。

⑩鲧(gǔn):尧的大臣。相传是大禹的父亲,治水失败而遭罪。

⑪咈(fú):违背。

⑫方:同"放",违背,放弃。圮(pǐ):毁害。

⑬异:不同。

⑭已:通"以",用。

⑮钦:敬。

⑯绩:功。

【译文】

帝尧说:"唉!四方诸侯之长啊,汹涌的洪水造成巨大灾害,包围了高山,淹没了丘陵,水势极大要漫过天了,百姓忧困不堪,谁能治理洪水?"四岳与群臣都说:"啊!鲧吧。"帝尧说:"唉!他违背法纪,常逆天行事,伤害同族的人。"四岳说:"唉!让他试一试,行的话就让他干。"帝尧说:"那就去吧!叫他恭敬地对待治水一事!"九年过去了,鲧毫无功绩。

帝曰:"咨,四岳,朕在位七十载①,汝能庸命巽朕位②。"岳曰:"否德③,忝帝位④。"曰:"明明扬侧陋⑤。"师锡帝曰⑥:"有鳏在下⑦,曰虞舜⑧。"帝曰:"俞⑨!予闻⑩,如何?"岳曰:"瞽子⑪,父顽、母嚚⑫,象傲⑬;克谐以孝⑭,烝烝乂⑮,不格奸⑯。"帝曰:"我其试哉⑰!"

【注释】

①朕:古人自称,我。

②庸命:即"用命",听从命令。巽:通"践",就职,就位。

③否(pǐ)：通"鄙"，鄙陋，微。

④忝(tiǎn)：辱。

⑤明明：明察贤明之人。扬：选拔举用。侧陋：隐没民间的贤人。

⑥师锡帝曰：众人都对尧说。师，众人。锡，同"赐"，古代上对下、下对上都可用"赐"。

⑦鳏(guān)：老而无妻。

⑧虞舜：相传为古代黄河下游东夷部落的著名首领，名重华。

⑨俞：相当于"然"，噢。

⑩闻：听说。

⑪瞽(gǔ)：瞎子。

⑫父顽、母嚚：《左传》僖公二十四年云："心不则德义之经为顽，口不道忠信之言为嚚。"这里顽、嚚二字互文义通。《史记》载"舜母死，瞽叟更娶妻而生象"，知此"母"乃舜的继母。

⑬象：舜的异母弟。

⑭克谐以孝：能以孝行和谐家庭。

⑮烝(zhēng)烝乂：治理得很好。

⑯格：至。

⑰其：将。

【译文】

帝尧说："唉！四方诸侯之长，我在位七十年了，你们之中有谁能够继承我的使命，接替帝位？"四方诸侯之长说："我们的德行鄙陋，不能玷辱这个位置。"帝尧说："那就推举其他贤明之臣，或者隐没民间的人才。"大家都对帝尧说："民间有一个单身汉名叫虞舜，是个人才。"帝尧说："噢，我也听说过，那他的德行怎么样呢？"四方诸侯之长说："他是一个瞎子的儿子，其父心术不正，其母善于说谎，其弟象傲慢骄纵。但舜能用自己的孝行感化全家并和睦相处，把家族事务治理得很好，让家人都远离了奸邪行为。"帝尧说："那我将考验考验他！"

女于时①，观厥刑于二女②，厘降二女于妫汭③，嫔于虞④。帝曰："钦哉！"

①女(nǜ)于时:把女儿嫁给舜。时,通"是",指代舜。

②观厥刑于二女:观察舜对待二女的德行、法度。刑,同"型"。二女,传说中尧的女儿娥皇、女英。

③厘:饬,命令。降:下(嫁)。妫(guī)汭(ruì):妫水隈曲之处。

④嫔(pín):帝王的女儿出嫁。

【译文】

于是尧将两个女儿嫁给舜,观察舜对待二女的态度是否符合礼法。尧命令二女下嫁到舜的家乡妫汭,做虞舜的妻子。帝尧对舜说:"敬于职守啊!"

舜典①

曰若稽古帝舜,曰重华,协于帝②。浚哲文明③,温恭允塞④。玄德升闻⑤,乃命以位⑥。

【注释】

①舜典:记述舜事迹的典册书籍。本篇在西汉伏生今文本中是合在上篇《尧典》里的,并且没有开头的二十八字。

②协:相合。

③浚:深。

④允:诚实。塞:笃实。

⑤玄德:美德。

⑥命:任命,授予。

【译文】

考察古时候的传说有个名叫重华的帝舜,和尧帝志向相合。他智慧深邃,有文德,善于见事,谦虚敬业又诚实。他的美德闻名于朝廷,于是尧帝便授予他官位。

慎徽五典①，五典克从②。纳于百揆③，百揆时叙④。宾于四门⑤，四门穆穆⑥。纳于大麓⑦，烈风雷雨弗迷。

【注释】

①慎徽：恭谨宣美。五典：五种礼教，《左传》文公十八年有"父义、母慈、兄友、弟共(恭)、子孝"五教。

②克：能。从：顺从；听从。

③纳：入，赐予职务。百揆：百官。

④时叙：承顺；顺当。时，通"承"。叙，整齐，就绪。

⑤宾：同"傧"，迎接宾客。四门：四方之门。

⑥穆穆：端庄恭敬的样子。

⑦麓：山林。

【译文】

尧让舜认真地推行父义、母慈、兄友、弟恭和子孝五种伦常礼教，臣民都能听从；又命舜总理百官，百官都能服从；又叫舜广开四方之门迎接前来朝见的各方诸侯，来朝的宾客都肃然起敬；又叫舜深入山林，行祭祀山川之事，风雨得以调顺。

帝曰："格汝舜①，询事考言②，乃言底可绩③，三载。汝陟帝位④。"

【注释】

①格：来。

②询：问；请教；征求意见。考：考核。

③乃：你的。底(zhǐ)可绩：为"可底绩"的倒装，"底绩"乃当时成语，即取得成绩。底，致。

④陟：登；上。

【译文】

帝尧说："舜，我和你说，三年来，我与你商量政事，考核你的言行，你的确取得了不少成绩。你来登帝位吧。"

舜让于德弗嗣①,正月上日②,受终于文祖③。在璇玑玉衡以齐七政④。肆类于上帝⑤,禋于六宗⑥,望于山川⑦,遍于群神,辑五瑞⑧。既月乃日⑨,觐四岳群牧⑩,班瑞于群后⑪。

【注释】

①舜让于德弗嗣:舜以德襄赞而不推辞。让,同"攘",襄助。于,以。弗嗣,犹云"无辞",没有推辞。

②上日:朔日,即农历初一。

③受终:指尧的禅让。文祖:祖庙。

④在:观察。璇玑玉衡:北斗七星。齐七政:安排农事、行政等各项事务。七政,可理解为日、月和金、木、水、火、土五星。

⑤肆:遂。类:《五经异义》:"非时祭天谓之类。"可见"类"也是一种祭祀的礼节。

⑥禋(yīn):精诚洁敬之祭礼。六宗:即甲骨文中的"六示",指六代祖先的神主。

⑦望:祭祀山川的礼节。

⑧辑:聚集。五瑞:五种美玉,《周礼·春官·典瑞》有公、侯、伯、子、男五等爵所执"桓圭、信圭、躬圭、谷璧、蒲璧"五玉。

⑨既月乃日:择吉月吉日。

⑩觐:朝见天子。牧:地方官员。

⑪班瑞:颁发"五瑞"。后:王,四方首领。

【译文】

舜以德行襄赞尧的禅让,于是不再推辞。正月初一这天,禅位大典在祖庙中举行。舜观察北斗七星,推测日月及五星的运行规律,以此来安排四季农事与民生要政。接着举行了祭天的大典,以精诚的禋祀之礼祭告六代祖先,祭祀山川和群神。又聚集诸侯觐见所持的信符瑞玉。选择了吉月吉日,接受四方诸侯君长的朝见,然后将瑞玉分别颁发给他们。

虞夏书

岁二月，东巡守①，至于岱宗②，柴③。望秩于山川④，肆觐东后⑤。协时月、正日⑥，同律、度、量、衡⑦。修五礼、五玉、三帛、二生、一死贽如五器⑧。卒乃复⑨。

【注释】

①巡守：即"巡狩"。

②岱宗：东岳泰山。

③柴：祭天之礼，祭时积柴，加牲于其上而焚烧。

④望秩：谓按等级望祭山川。

⑤觐东后：接受东方各氏族首领的朝见。

⑥协时月、正日：协和齐正四时节气、月之数、日之名，使各地相同。

⑦同：一致；统一。律：音律。度、量、衡：古代的度量衡制度源于音律，皆以黄钟数为基准。

⑧五礼：泛指几种礼，也可能是承上"慎徽五典"之目，但绝非汉人所谓"吉凶军宾嘉"或"公侯伯子男"五礼。五玉：古代诸侯作符信用的五种玉。即璜、璧、璋、珪、琮。三帛：指缥帛、玄帛、黄帛。二生：二牲，或谓羔和雁（鹅）。一死贽：贽是古代卑者见尊者所献的礼物，死贽或谓野鸡。如：和，与。五器：五礼所备之器。

⑨复：返回。

【译文】

这年二月，舜向东巡狩，到达泰山，用燔柴焚烧的祭礼祭天，以望祭礼遍祀山川，接着又接受东方诸侯们的朝见，协和齐正四时节气、月之数、日之名，使各地相同，并且统一了音律和度、量、衡的定制。舜还制定五种礼法，规定臣子觐见君王时所持献的礼物：五种瑞玉，三种彩帛，两种活物（羊羔和鹅），一种死雉（野鸡）以及相应的五礼之器。朝见的典礼结束之后，就返回了。

五月，南巡守，至于南岳①，如岱礼②。八月，西巡守，至于西岳，如初③。十有一月，朔巡守④，至于北岳，如西礼⑤。归，格于艺祖⑥,用特⑦。

【注释】

①南岳:战国秦汉间文献中四岳、五岳之山多虚指,有的并非实际山名,难于地理上坐实。今日习称之西岳华山、南岳衡山、北岳恒山,都是汉代以后的说法。

②如岱礼:像巡狩泰山之礼一样。

③如初:像最初(巡狩泰山)之礼一样。

④朔:北;北方。

⑤如西礼:像西岳巡狩之礼。

⑥格:到。艺祖:有文德之祖。

⑦特:公牛。

【译文】

五月,舜又向南巡狩,到了衡山,像祭祀泰山一样祭祀衡山。八月,向西巡狩,到了华山,也像祭祀泰山一样祭祀华山。十一月,向北巡狩,到了恒山,像祭祀华山一样祭祀恒山。回朝后,到祖祢之庙,用一头公牛作了祭祀。

五载一巡守,群后四朝①。敷奏以言②,明试以功③,车服以庸④。

【注释】

①四朝:朝于四岳之下。

②敷奏:陈奏,向君上报告。

③明试以功:明确考察其功绩。

④车服以庸:用车马冠服表彰其功劳。庸,功。

【译文】

舜规定每五年巡狩一次,四方诸侯分别在四岳朝见天子。朝见时,诸侯须向天子报告自己的政绩,然后天子据其所言认真考察其功绩,按功劳赏赐车马冠服。

肇十有二州①,封十有二山②,浚川③。

【注释】

①肇:通"垗(zhào)",划分。十有二州:十二之数乃泛称,无确指。
下十有二山同。

②封:古代帝王或大臣在山上筑坛祭神的活动。

③浚川:疏通河道。

【译文】

划定天下为十二州野,在十二座山上封土为坛来做祭祀,同时又疏
通了河道。

象以典刑①,流宥五刑②,鞭作官刑③,扑作教刑④,金作赎刑⑤,
眚灾肆赦⑥,怙终贼刑⑦。钦哉⑧!钦哉!惟刑之恤哉⑨!

【注释】

①象:在犯人衣服上刻画不同的图像来表示惩罚。典:常。

②流:放逐;流放。宥:宽容;饶恕。五刑:即《吕刑》篇有墨(刻面)、
劓(yì,割鼻)、刖(fèi,断足)、宫(去生殖器)、大辟(死)五刑。

③官刑:古代惩戒官吏的刑罚之一,即鞭刑。

④扑:槚楚,古代学校中用作体罚的一种器具。教:学校。

⑤金:泛指钱币;钱财。赎:赎罪。《吕刑》篇还记载了各种刑罚出金
赎罪的数额。

⑥眚(shěng)灾:因过失而造成灾害。肆:故。赦:赦免;对罪人免除
刑罚。

⑦怙终:相当于今天的"怙恶不悛",指作恶到底。贼:通"则"。刑:
刑杀。

⑧钦:敬。

⑨恤:谨慎,忧惧。

【译文】

把在冠服上刻画图像的象刑作为主要刑罚,用流放之法宽恕、代替五种常刑,用鞭刑作为惩罚官吏的刑罚,用槚木抽打作为不服从教育者的刑罚,可以用货币来赎刑。凡属过失犯罪,可以免除刑罚。凡属故意犯罪的,且怙恶不悛,则必加刑杀。敬重啊! 敬重啊! 对待刑法要慎重啊!

流共工于幽洲①,放驩兜于崇山②,窜三苗于三危③,殛鲧于羽山④,四罪而天下咸服。

【注释】

①共工:尧的大臣。幽洲:即上文的"幽都"。

②崇山:山名。相传舜放驩兜之处。

③窜:迁逐。三苗:古国名,东夷族的一支,属蚩尤部落,可参考下文《吕刑》篇。三危:古代西部边疆山名。

④殛(jí):流贬、流放。羽山:山名,鲧遭流放而死之处。

【译文】

于是把共工流放到幽都,把驩兜流放到崇山,把三苗驱逐到三危山,把鲧流贬到羽山,至死不得回朝。处罚了这四个罪人,天下的人就心悦诚服了。

二十有八载,帝乃殂落①,百姓如丧考妣②。三载,四海遏密八音③。

【注释】

①帝:指尧。殂(cú)落:死亡。

②考妣(bǐ):(死去的)父亲和母亲。

③遏:止。密:静。八音:中国古代根据制作材料对乐器的分类。指

虞夏书

金(如钟、铃)、石(如磬)、土(如埙)、革(如鼓)、丝(如琴)、木(如柷)、匏(如笙)、竹(如笛)八类。这里泛指所有音乐。

【译文】

舜摄理朝政二十八年后,帝尧便去世了,百姓们都像自己父母死了一样悲痛。三年之内,全国上下不奏音乐。

月正元日①,舜格于文祖②,询于四岳,辟四门③,明四目、达四聪④。咨十有二牧曰⑤:"食哉惟时⑥,柔远能迩⑦,惇德允元⑧,而难任人⑨,蛮夷率服⑩。"

【注释】

①月正元日:正月初一。

②格:到。

③四门:明堂四方的门。

④明四目、达四聪:苏轼《东坡书传》云:"广视听于四方。"

⑤咨:商量;询问。十有二牧:十二州的官员。

⑥食哉惟时:"惟时食哉"之倒装,"时"通"是","食"通"饬",谨敬。

⑦柔远能迩:周代成语,怀柔远方,优抚近地。指安抚笼络远近之人而使归附。柔,安抚。能,亲善。

⑧惇(dūn):敦厚;厚道;诚实。元:善。

⑨难:阻,这里指疏远。任人:品行不端的人。

⑩蛮夷:泛指华夏族以外各民族。率服:顺服。

【译文】

正月初一,舜又到祖庙,和四方诸侯商议国事,开明堂四方的门,以招揽贤俊之士;广视听于四方,以增加博闻远见。告诫十二州的长官说:"多加谨慎啊!能服外者须先使内部亲善,要修养厚德,信用善人,疏远奸人,才能感化四方蛮夷,让他们竞相归服。"

舜曰①:"咨四岳②,有能奋庸③,熙帝之载④,使宅百揆⑤,亮采惠畴⑥?"金曰⑦:"伯禹作司空⑧。"帝曰:"俞⑨!"咨禹:"汝平水土⑩,惟时懋哉⑪!"禹拜稽首⑫,让于稷、契暨皋陶⑬。帝曰:"俞!汝往哉!"

【注释】

①舜曰:别于上文所称"尧曰",此处以下"帝曰"皆指舜。

②咨:助词,表叹息。

③有:谁。奋庸:谓努力建立功业。

④熙:振兴。载:事。

⑤宅:居于;处于。百揆:百官。

⑥亮:辅佐。采:事。惠:顺。畴:类。

⑦金:皆,都。

⑧伯禹:即禹。相传禹从鲧腹中剖出,鲧为禹父,鲧又号称崇君,为伯爵。故禹又称伯禹。司空:周代官职名,此处掌管水利。

⑨俞:相当于"好吧"。

⑩平:治。

⑪时:是。懋:勉励。

⑫稽(qǐ)首:跪拜礼,叩头到地。

⑬稷:人名,即后稷,又名"弃",被奉为周的始祖。契:相传为殷商族的始祖。暨:与。皋陶(yáo):又作"皋繇",相传为东夷族首领,偃姓。

【译文】

帝舜说:"四方诸侯啊,谁能奋发努力,振兴我帝王家的功业,就让他统率百官辅佐朝政以顺成万事。"大家都说:"让伯禹担任司空吧。"帝舜说:"好!"接着对禹说:"你治理水土大有功劳,努力承担这份职事啊!"禹跪拜叩头,推让给稷、契和皋陶。帝舜说:"好了!还是你去干吧。"

帝曰:"弃①,黎民阻饥②,汝后稷③,播时百谷④。"

【注释】

①弃:稷的另一个名字,来源于《毛诗·生民》篇所载稷遭姜嫄抛弃

的传说。

②阻饥:饥饿。阻,难。

③后:主持。

④时:同"莳",种植。

【译文】

舜又说:"弃啊! 老百姓陷于饥饿之中,你去担任主管农政的稷官,领导百姓种植庄稼。"

帝曰:"契,百姓不亲,五品不逊①,汝作司徒②,敬敷五教在宽③。"

【注释】

①五品:五种伦常道德,大概指"父义、母慈、兄友、弟共(恭)、子孝"。逊:顺。

②司徒:周代官职名。

③敷:传播;开展。五教:指父义、母慈、兄友、弟恭、子孝。

【译文】

舜又说:"契! 现在老百姓亲近家人,父、母、兄、弟、子女之间不恭敬,你来担任司徒,大力推行父义、母慈、兄友、弟恭、子孝这五教,一定要本着宽厚的原则。"

帝曰:"皋陶,蛮夷猾夏①,寇贼奸宄②,汝作士③。五刑有服④,五服三就⑤;五流有宅⑥,五宅三居⑦。惟明克允⑧。"

【注释】

①猾夏:侵乱中国。猾,乱。

②寇贼:盗匪;敌寇。奸宄(guǐ):盗窃、凶乱之意。

③士:官名,兼掌军事和刑狱。

④服:服刑。

⑤三就:指原野、市、朝三个行刑的场所。

⑥五流有宅:即上文"流宥五刑"。马融说:"谓在八议,君不忍刑,宥之以远。"流,流放。宅,居。

⑦五宅三居:指五刑之流所居之处按远近分为三等。马融说:"五等之差亦有三等之居,大罪投四裔,次九州之外,次中国之外。"

⑧克:能。允:信服。

【译文】

帝舜又说:"皋陶,现在外有蛮夷侵伐,内有违法害民、盗窃作乱之事,你去兼掌军事和刑狱。使用五刑时,都要根据罪情大小分别带到原野、市、朝行刑;宽宥五刑并施以相应的流放之刑时,远近各等也要各有处所。定要明察刑案来定其罪,众人才能信服。"

帝曰:"畴若予工①?"佥曰:"垂哉②!"帝曰:"俞!"咨垂:"汝共工③。"垂拜稽首,让于殳斨暨伯与④。帝曰:"俞! 往哉,汝谐⑤。"

【注释】

①畴:谁。若:善,治理好。工:百工之长。

②垂:舜的大臣,主管百工之事。

③共:担任。工:掌管百工之官。

④殳(shū)斨(qiǎng):人名。伯与:人名。

⑤谐:宜。

【译文】

帝舜问:"谁能治理好我的百工职事?"群臣都说:"垂呀!"帝舜说:"好!"对垂说:"你来担任工的官职。"垂跪拜叩头,把职位推让给殳斨和伯与两人。帝舜对垂说:"好了! 去吧,你适合这个职位。"

帝曰:"畴若予上下草木鸟兽①?"佥曰②:"益哉③!"帝曰:"俞!"咨益:"汝作朕虞④。"益拜稽首,让于朱、虎、熊、罴⑤。帝曰:"俞! 往哉! 汝谐。"

【注释】

①上：山。下：泽。

②金：都。

③益：即伯益。

④虞：官名，掌管山泽。

⑤朱、虎、熊、黑：代指四位大臣。

【译文】

帝舜问："谁能治理好山林川泽鸟兽?"群臣都说："益啊!"帝舜说："好啊!"对益说："你担任我的虞官。"益跪拜叩头，推让给朱、虎、熊、黑诸人。帝舜说："好了! 去吧，你适合这个职位。"

　　帝曰："咨四岳，有能典朕三礼①?"金曰："伯夷②。"帝曰："俞!"咨伯③："汝作秩宗④，夙夜惟寅⑤，直哉惟清⑥。"伯拜稽首，让于夔、龙⑦。帝曰："俞，往，钦哉!"

【注释】

①有：谁。典：主。三礼：古祭天、地、宗庙之礼。

②伯夷：相传为姜姓宗祖神，《吕刑》篇中他与夏族宗祖神禹、周族宗祖神稷同被上帝派到人间造福百姓，他掌管刑狱之政。但在本篇，伯夷的身份是礼官。

③伯：即伯夷。

④秩宗：古代掌管宗庙祭祀的官。

⑤寅：敬。

⑥直：正直，无私。清：廉洁、清明。

⑦夔(kuí)：舜的大臣，后为乐官。龙：舜的大臣，后为纳言之官。

【译文】

帝舜问："四方诸侯啊，谁能为我主持三礼之政?"大家都说："伯夷可以。"帝舜说："好!"就对伯夷说："任命你担任秩宗之官，早晚都要恭敬于祀典，正直无私才能清廉啊。"伯夷跪拜叩头，推让给夔、龙二人。帝舜说:"好了! 还是你去干,敬重职守啊。"

帝曰:"夔,命汝典乐①,教胄子②。直而温③,宽而栗④,刚而无虐⑤,简而无傲⑥。诗言志⑦,歌永言⑧,声依咏⑨,律和声⑩,八音克谐⑪,无相夺伦⑫,神人以和。"夔曰:"於⑬!予击石拊石⑭,百兽率舞⑮。"

【注释】

①典:掌管;主管。乐:乐正。

②胄子:贵族子弟。

③直而温:正直而温和。

④宽而栗:宽容但有所辨别。栗,通"秩",有条理。

⑤刚而无虐:刚毅但不苛暴。

⑥简而无傲:简约但不傲慢。

⑦诗言志:《毛诗·周南·关雎》序云:"在心为志,发言为诗。"

⑧永:同"咏"。

⑨声依咏:依歌咏的需要来运用宫、商、角、徵、羽五声。

⑩律和声:用律管来校定五声的音高。

⑪克:能。

⑫夺伦:失其伦次。

⑬於(wū):叹词。

⑭石:磬。拊(fǔ):拍,轻击。

⑮百兽率舞:各种野兽,相率起舞。

【译文】

帝舜说:"夔,任命你为乐正,教导贵族子弟,让他们正直而温和,宽容但能明辨,性情刚毅而不苛暴,态度简约但不傲慢。诗教是用来抒发高尚志节的,歌咏则是用来进一步宣唱诗中所寄之意的,按歌咏的需要来运用宫、商、角、徵、羽五声,用律管来校定五声的音高。这样,所有乐器才能和谐演奏,相互间的伦次也不会被弄乱,也能使人和神都和谐快

21

乐。"夔说："好啊！我或轻或重地拍击石磬,人们装扮成百兽随之翩翩
起舞。"

帝曰："龙,朕塈谗说、殄行①,震惊朕师②,命汝作纳言③,夙夜
出纳朕命,惟允。"

【注释】

①塈(jì):通"疾",痛心;憎恨。殄(tiǎn)行:恶行。殄,败坏。

②师:众人。

③纳言:官名。《孔传》说："纳言,喉舌之官,听下言纳于上,受上言
宣于下,必以信。"

【译文】

帝舜说："龙！我憎恶那些说坏话毁谤人的恶行,使我的民众受到惊
吓。现在命令你来担任纳言的官职,一早一晚替我及时下达命令,或向
我传达民意,必须信实不误。"

帝曰："咨汝二十有二人①,钦哉！惟时亮天功②。"

【注释】

①咨:叹词。二十有二人:苏轼《东坡书传》云："盖十二牧、四岳、九
官也。"极确。

②亮:通"谅",辅助。功:事。

【译文】

帝舜说："唉,你们二十二个人,要敬重职守啊,来辅助成就上天赋予
大家的事功。"

三载考绩,三考,黜陟幽明①,庶绩咸熙。

【注释】

①黜:贬退;废免。陟:升。幽:暗。明:贤明。

【译文】

此后,舜每三年举行一次政绩考核,经过九年、三次的考核,罢免了没有成绩的,提拔了贤明之士,国家各项政事都兴盛起来。

分北三苗。

【译文】

又将三苗的一部分分出来迁到了北方。

舜生三十征庸①,三十在位,五十载,陟方乃死②。

【注释】

①征庸:征用。

②陟方乃死:韩愈说"陟方"即升暇、徂落,犹云"升天"。《孟子·离娄下》说舜"卒于鸣条",则在今开封陈留境。

【译文】

舜三十岁时被尧征用,居君主之位三十年,五十年后南巡时,升天而逝。

大禹谟①

曰若稽古大禹,曰文命②,敷于四海③,祗承于帝④。曰:"后克艰厥后⑤,臣克艰厥臣,政乃乂⑥,黎民敏德⑦。"

【注释】

①大禹谟:本篇记载了大禹、伯益、皋陶和帝舜讨论政事,以及大禹受舜禅位,开拓疆域等经过,属东晋晚出《古文尚书》。大禹相传是原始

社会末期夏部落的首领,姒姓,名文命,又称夏禹。传说是鲧之子,继其父之后治水,疏导有方,获得成功。后来接受舜的禅让,成为部落首领,其子启为夏朝的建立者。谟,谋。

②文命:禹的名字。

③敷:传布;散布。四海:指天下四方。

④祗:恭敬。帝:指尧、舜二帝。

⑤后:指部落首领或者君主。艰:艰难;困难。

⑥乂:治理。

⑦敏:勤奋。

【译文】

考察古代传说,有个大禹,名叫文命,他的德业广布天下,恭谨地辅助帝舜。他说:"君主要能认识到当君主的艰难,臣子能够认识到做臣子的艰难,政事就可以得到治理了,百姓也会勤勉于德行。"

帝曰:"俞! 允若兹①,嘉言罔攸伏②,野无遗贤③,万邦咸宁④。稽于众⑤,舍己从人,不虐无告⑥,不废困穷⑦,惟帝时克⑧。"

【注释】

①允:的确。若:如。

②嘉:善。攸:所。伏:隐藏。

③野:民间。

④万邦:所有诸侯封国。后引申为天下,全国。咸:都。宁:安宁。

⑤稽:考察。

⑥虐:残害;虐待。无告:指鳏寡孤独、无所依靠的人。

⑦废:舍弃;停止。

⑧时:通"是"。克:能够。

【译文】

帝舜说:"对啊! 确实如此,善言无所隐藏,贤才没有流落民间,天下四方都安宁了。政事同众人研究,能够舍弃一己私见,听从大家的意见,不虐待无依无靠的人,不舍弃贫穷困苦的人,只有帝尧才能够做到。"

益曰:"都①!帝德广运②,乃圣乃神③,乃武乃文。皇天眷命④,奄有四海⑤,为天下君。"

【注释】

①都(dū):叹美之词。

②运:远。

③乃:如此。

④眷:留恋;怀念。

⑤奄:尽。

【译文】

伯益说:"啊,帝尧的德行广大深远,如此圣明而神妙,兼备文德武略。于是上天垂爱并赋予重任,使他享有四海之地,成为天下的君主。"

禹曰:"惠迪吉①,从逆凶②,惟影响③。"

【注释】

①惠:顺。迪:道。

②逆:违背;不服从。

③影响:《孔传》说:"吉凶之报,若影之随形,响之应声。"

【译文】

大禹说:"顺从善道就获得吉祥,违背善道就会产生灾祸,就像影随着形体,和响随着声音一样。"

益曰:"吁!戒哉,儆戒无虞①,罔失法度②,罔游于逸,罔淫于乐③。任贤勿贰④,去邪勿疑,疑谋勿成⑤,百志惟熙⑥。罔违道以干百姓之誉⑦,罔咈百姓以从己之欲⑧。无怠无荒,四夷来王。"

【注释】

①儆(jǐng):警备;戒备。虞:差错;失误。

②罔:不;不要。

③淫:过分;无节制。

④贰:不专一。

⑤疑谋:犹豫不决的谋划。

⑥百志:各种思考。

⑦干:求。

⑧咈(fú):乖戾,违背。

【译文】

伯益说:"啊!警惕啊!时时戒备就不会失误,不要失去律法制度,不要过分沉迷安逸与享乐。不要轻信小人之言去怀疑贤能之人,消灭奸邪小人不要犹豫不决,没有把握的谋略不要施行。不要违背正道来求得民众赞誉,不要违背民众利益来顺从私欲。对这些不要懈怠,不要荒废,周边各族就会自动臣服。"

禹曰:"於①!帝念哉②!德惟善政,政在养民。火、水、金、木、土、谷惟修;正德、利用、厚生惟和③;九功惟叙④,九叙惟歌⑤。戒之用休⑥,董之用威⑦,劝之以九歌⑧,俾勿坏⑨。"

【注释】

①於:叹词。

②帝:指舜。念:思量;考虑。

③正德、利用、厚生:即下文的"三事"。

④九功:指上文火、水、金、木、土、谷(即下文的"六府")及正德、利用、厚生("三事")。叙:秩序;次序。

⑤歌:歌颂。

⑥用:以。休:美。

⑦董:督。

⑧九歌:九德之歌。

⑨俾:使。

【译文】

大禹说:"哎呀!大王您可要深思啊!德政才是好的政治,好的政治在于使百姓生活得好。火、水、金、木、土、谷六府之事要多修持经营;家庭道德、商贸财用、衣食住行等事业要顺利实行。这九件大事要有条不紊,百姓才会歌颂君王。拿善言来劝诫百姓,用威罚监督百姓,再用九德之歌来鼓励百姓,使政事不会败坏。"

帝曰:"俞!地平天成①,六府三事允治②,万世永赖,时乃功③。"

【注释】

①地平:地上的水患得到治理。天成:万物自然成长。

②允:切实;确实。

③时:通"是"。乃:你的。

【译文】

帝舜说:"对啊!地上的水患得到治理,万物自然成长,六府三事得到切实的治理发展,这些造福千秋万代的事业,都是你的功劳。"

帝曰:"格汝禹①,朕宅帝位三十有三载②,耄期倦于勤③。汝惟不怠,总朕师④。"

【注释】

①格:告。

②宅:居。有:又。

③耄(mào)期:高年。《孔传》说:"八十、九十曰耄,百年曰期。"倦:疲劳;劳累。勤:勤劳于职事。

④总:统领。师:众。

【译文】

帝舜说:"我给你说,禹,我在位已经三十三年了,勤劳的政务让我这个九十多岁的人感到疲倦。你勤劳不懈怠,就让你来统领我的民众吧。"

禹曰:"朕德罔克①,民不依。皋陶迈种德②,德乃降③,黎民怀之。帝念哉! 念兹在兹④,释兹在兹⑤,名言兹在兹⑥,允出兹在兹⑦。惟帝念功!"

【注释】

①罔克:不能。

②迈:勤勉。种:施行;开展。

③降:降及下民。

④念兹在兹:考虑到德行为皋陶所具备。上一个"兹"指代德,下一个"兹"指代皋陶。

⑤释:通"怿",喜悦。

⑥名言:称说;描述。

⑦出:发出,发布。

【译文】

大禹说:"我的德行还不能当此重任,百姓不会依归。皋陶勤勉树立德政,德惠降及下民,百姓都心向着他。您应该考虑到这些啊! 皋陶自身具备德行,且乐于德治,称说德义,能够真正推行德政。您要好好考虑皋陶的功德呀!"

帝曰:"皋陶! 惟兹臣庶,罔或干予正①,汝作士②,明于五刑③,以弼五教④。期于予治⑤。刑期于无刑,民协于中⑥。时乃功,懋哉⑦!"

【注释】

①或:有人。干:冲犯。正:通"政"。

②士:古代主管刑狱的官。

③五刑:即《吕刑》篇墨、劓、剕、宫、大辟五刑。

④弼:辅佐;辅助。五教:即《左传》文公十八年之"父义、母慈、兄友、弟共(恭)、子孝"五教。

⑤期:合。

⑥中:中正之道。

⑦懋:勉力;努力。

【译文】

帝舜说:"皋陶啊! 这些臣民,从没人冒犯法制,你作为掌管刑狱的官员,要知道用五刑来辅助五教的实施,合于我的统治。施刑是为了实现无刑,这样民众才能走上中正之道。这是你的使命,要努力啊!"

皋陶曰:"帝德罔愆①。临下以简②,御众以宽③。罚弗及嗣,赏延于世④。宥过无大⑤,刑故无小⑥。罪疑惟轻,功疑惟重⑦。与其杀不辜⑧,宁失不经⑨。好生之德,洽于民心⑩,兹用不犯于有司⑪。"

【注释】

①愆(qiān):过错;过失。

②简:简单;简略。

③御:治理。

④延:延续,扩及。

⑤宥:宽恕。过:过失犯错。

⑥刑:动词,刑杀。故:故意犯罪。

⑦罪疑惟轻,功疑惟重:蔡沈《书集传》说:"罪已定矣,而于法之中,有疑其可重可轻者,则从轻以罪之。功已定矣,而于法之中,有疑其可轻可重者,则从重以赏之。"

⑧不辜:无罪。

⑨不经:不合常法。

虞夏书

⑩洽：和谐；融洽。

⑪有司：指刑狱司法。

【译文】

皋陶说："君主您的德行没有任何过失。您用简略的方法统率臣子，用宽容的制度治理民众，惩罚不延及其后代子孙，奖赏则延及其后代子孙。如果是过失犯罪，罪行虽大，也可以得到宽恕；如若故意犯罪，罪行虽小，都要施加刑罚。处罚轻重不确定时，就从轻发落；功劳奖赏大小无法确定时，就从重赏赐。与其误杀无罪之人，宁可放过不守正道的人。这种仁爱之心，不乱杀戮的美德，深深合于民心。因此，百姓也不会触犯刑法。"

帝曰："俾予从欲以治①，四方风动②，惟乃之休③。"

【注释】

①从欲以治：蔡沈《书集传》说："民不犯法，而上不用刑者，舜之所欲也。"

②四方风动：指四方百姓像风一样鼓动应合。

③休：美德。

【译文】

帝舜说："使我能够如愿治理天下，四方百姓纷纷响应，这都是因为你的美德啊！"

帝曰："来，禹！降水儆予①，成允成功②，惟汝贤；克勤于邦，克俭于家，不自满假③，惟汝贤。汝惟不矜④，天下莫与汝争能；汝惟不伐⑤，天下莫与汝争功。予懋乃德⑥，嘉乃丕绩⑦。天之历数在汝躬⑧，汝终陟元后⑨。人心惟危，道心惟微⑩，惟精惟一⑪，允执厥中⑫。无稽之言勿听，弗询之谋勿庸⑬。可爱非君？可畏非民？众非元后何戴⑭？后非众罔与守邦。钦哉！慎乃有位，敬修其可愿⑮。四海困穷，天禄永终⑯。惟口出好兴戎⑰，朕言不再。"

【注释】

①降水:一作"浲水",大水,洪水。儆:告诫;警告。

②成允成功:蔡沈说:"允,信也。禹奏言而能践其言,试功而能有其功。"

③假:大;自大。

④矜:自夸贤能。

⑤伐:自夸其功。

⑥懋:勉励。

⑦丕:大。绩:功绩。

⑧历数:历运之数,指帝王相继的次序。躬:自身。

⑨陟:登上。元后:帝位。

⑩微:精微、隐微。

⑪精:精诚。一:专一。

⑫允:的确。中:中正之道。

⑬询:咨询,核实。庸:用。

⑭戴:爱戴;拥戴。

⑮可愿:指民众之所愿。

⑯天禄:上天赐的福禄。

⑰好:好话,善言。兴戎:发动战争;发动争端;引起争端。

【译文】

帝舜说:"过来,禹!洪水在警告我们。你完成了你的誓言,治水成功,这是你的贤能;你勤劳于国事,居家生活节俭,从不自满自大,也是你的贤能。你从来不自夸贤能,因此,天下没有人能和你争能;你从来不自夸其功,因此天下也没有人能和你争功。我襃扬你的大德,嘉许你的大功。君主大位将落在你身上,你终要登上帝位。人心是危险的,道心精微难测,只有精诚专一之人,才能守住中正之道。没有经过验证的话不要听,没有经过公众意见的谋略不能采用。民众爱戴的不就是君王吗?君王畏惧的不正是民众吗?除了君王,百姓还拥戴谁呢?君王离开了民众,就没有人来安定邦国了。要恭敬啊!谨慎对待君位,恭敬地达成民众的愿望。如果天下百姓都困苦,你所受天福也会终结的。语言能赞扬善行,也会引起战争,我的话就不再重复了。"

禹曰:"枚卜功臣①,惟吉之从。"帝曰:"禹! 官占②,惟先蔽志③,昆命于元龟④。朕志先定,询谋金同⑤,鬼神其依,龟筮协从⑥,卜不习吉⑦。"禹拜稽首固辞⑧。帝曰:"毋,惟汝谐。"

【注释】

①枚卜:一一占卜。古代以占卜法选官,因以指选用官员。

②官占:掌占卜之官,这里也可以理解为占卜的方法。

③蔽:断定。

④昆:然后。命:占卜。元龟:用于占卜的大龟。

⑤谋:谋议。

⑥龟:龟甲。筮(shì):蓍草。

⑦习吉:谓再卜重得吉兆。

⑧固辞:坚决推辞。

【译文】

大禹说:"还是逐个来占卜有功之臣,选择有吉卜的继位吧!"帝舜说:"禹! 占卜的方法,是先断定志向,然后用大龟占卜。我的志向已经明确了,与大家谋议的结果一样,鬼神将会依从,龟筮也协和依从,况且占卜的方法,不需要重复出现吉兆。"大禹跪拜叩头,坚决推辞。帝舜说:"不要推辞了,只有你才是合适的。"

正月朔旦①,受命于神宗②,率百官若帝之初③。

【注释】

①朔:阴历每月初一。

②神宗:尧的宗庙。

③若帝之初:和当初舜受尧禅让相同。

【译文】

正月初一的早晨,大禹在帝尧的神庙里接受舜的大命,率领百官进行大典,像帝舜当初接受帝尧禅让一样。

帝曰:"咨^①,禹! 惟时有苗弗率^②,汝徂征^③。"禹乃会群后^④,誓于师曰:"济济有众,咸听朕命。蠢兹有苗^⑤,昏迷不恭^⑥,侮慢自贤^⑦,反道败德。君子在野,小人在位。民弃不保,天降之咎。肆予以尔众士^⑧,奉辞伐罪^⑨,尔尚一乃心力^⑩,其克有勋^⑪。"

【注释】

①咨:叹词。

②有苗:三苗族。率:遵循,服从。

③徂(cú):往。

④群后:各国君主。

⑤蠢:骚动的样子。

⑥昏:暗昧。迷:迷惑。

⑦侮慢:对人轻忽,态度傲慢,乃至冒犯无礼。自贤:妄自尊大。

⑧肆:所以。

⑨辞:命令。

⑩尚:庶几。

⑪勋:功勋。

【译文】

帝舜说:"唉,禹! 那三苗不服从我们的统治,你前往征讨吧!"大禹召集四方首领,在军队前发布誓词:"诸位将士,听我命令! 三苗蠢蠢欲动,昏迷不敬,狂妄自大,败坏道德。搞得贤能君子被抛弃,奸佞小人得到重用。民众被抛弃,得不到安宁,上天便把灾难降给他们。所以,我率领诸位将士,奉君王之命,征伐有罪的三苗,大家同心协力,才能建立功勋!"

三旬^①,苗民逆命^②。益赞于禹曰^③:"惟德动天,无远弗届^④。满招损,谦受益,时乃天道。帝初于历山^⑤,往于田,日号泣于旻

虞夏书

天⑥,于父母,负罪引慝⑦;祗载见瞽瞍⑧,夔夔斋栗⑨。瞽亦允若⑩。至诚感神⑪,矧兹有苗⑫?"禹拜昌言曰⑬:"俞!"

【注释】

①三旬:三十天。

②逆命:违抗命令。

③益:伯益。赞:辅佐,进言。

④届:至;到达。

⑤帝:指舜。历山:舜初耕作之地,具体所在不可考。

⑥日:每天。旻天:上天。

⑦负罪:蔡沈说:"自服其罪,不敢以为父母之罪。"引慝(tè):蔡沈说:"自引其慝,不敢以为父母之慝也。"慝,邪恶。

⑧祗:敬。载:服侍。瞽瞍(sǒu):舜的父亲。

⑨夔夔:敬谨恐惧的样子。斋:恭敬。栗:战栗。

⑩允若:顺从。

⑪諴(xián):和;诚。

⑫矧(shěn):何况。

⑬昌言:善言。

【译文】

经过三十天,三苗还是不顺从。伯益向禹进言说:"只有道德才能感天动地,蛮夷无论多远也能归顺我们。盈满招损,谦虚受益,这是天道。当初,帝舜在历山去耕田时,每天都向上天呼号哭泣,对于父母,总是引咎自责;服侍父亲瞽瞍恭恭敬敬,庄重而敬畏。瞽瞍也渐渐对他和顺了。他的至诚之心感动了神灵,何况这三苗呢?"大禹拜谢了这番美言,说:"对啊!"

班师振旅①,帝乃诞敷文德②,舞干、羽于两阶③。七旬,有苗格④。

【注释】

①班:还。振:整顿。

②诞:大。敷:布,指施行。

③干、羽:舞具。干,盾牌。羽,翳。两阶:宫廷的东、西阶梯。主人走东阶,客人走西阶。

④格:来;归顺。

【译文】

还师回去,整顿队伍,帝舜从此大施德政,民众挥着盾牌、美羽在帝廷前跳着舞。七十天后,三苗前来归顺。

皋陶谟①

曰若稽古皋陶曰:"允迪厥德②,谟明弼谐③。"禹曰:"俞④!如何?"皋陶曰:"都⑤!慎厥身修,思永⑥。惇叙九族⑦,庶明厉翼⑧,迩可远在兹⑨。"禹拜昌言,曰:"俞。"

【注释】

①皋陶谟:本篇是皋陶和禹在虞舜朝廷上问答、议论的记录。皋陶相传是东夷族首领,偃姓,本篇中是舜掌管刑法狱讼的大臣。

②允:确实。迪:开导;引导。厥:其。

③谟:谋。弼:辅佐;辅助。谐:和。

④俞:然,犹今云"好的"。

⑤都:叹美之词。

⑥永:长。

⑦惇:敦厚;厚道;诚实。叙:按次序。九族:众多氏族。

⑧庶:众。明:贤人。厉:通"励",劝勉;激励。翼:辅助。

⑨迩:近。

【译文】

考察古代传说,皋陶曾说:"要切实发扬德教,我们所规划、辅佐的事

虞
夏
书

35

业才能光明和谐。"禹说:"对啊! 但怎样实现呢?"皋陶说:"哦! 要努力提高品德修养,还要深谋远虑。以厚德来团结各民族,推举贤明之士辅佐你治理国家,使政务能够由近及远,达于全境。"禹拜领了这番美言,说道:"对啊!"

皋陶曰:"都! 在知人,在安民。"禹曰:"吁^①! 咸若时^②,惟帝其难之^③。知人则哲^④,能官人^⑤;安民则惠^⑥,黎民怀之^⑦。能哲而惠,何忧乎驩兜,何迁乎有苗,何畏乎巧言令色孔壬^⑧?"

【注释】

①吁:叹词。

②咸:全;都。若时:如此,像这样。

③惟:发语词。

④哲:聪明。

⑤官:任用。

⑥惠:爱。

⑦怀:关怀;安抚。

⑧巧言:花言巧语。令色:装好人。孔:很。壬:佞。

【译文】

皋陶又说:"啊! 这全在于知人善任,在于把百姓安定好。"禹说:"唉! 能做到这样,连帝王也感到困难啊。知人则有才智,能用人得当;安民则有仁爱之心,能使百姓感恩戴德。能够知人善任、关怀人民,还怕什么驩兜作乱,哪里还需要放逐三苗,哪里还畏惧花言巧语善于作伪的坏人呢?"

皋陶曰:"都! 亦行有九德^①,亦言其人有德。"乃言曰:"载采采^②。"禹曰:"何?"皋陶曰:"宽而栗^③,柔而立^④,愿而恭^⑤,乱而敬^⑥,扰而毅^⑦,直而温^⑧,简而廉^⑨,刚而塞^⑩,强而义^⑪。彰厥有常^⑫,吉哉^⑬! 日宣三德,夙夜浚明有家^⑭。日严祗敬六德^⑮,亮采有

邦⑯。翕受敷施⑰，九德咸事，俊乂在官⑱。百僚、师师、百工惟时⑲，抚于五长⑳，庶绩其凝㉑。无教逸欲有邦㉒。兢兢业业，一日二日万几㉓。无旷庶官㉔，天工人其代之㉕。天叙有典㉖，敕我五典五惇哉㉗；天秩有礼，自我五礼有庸哉㉘；同寅协恭和衷哉㉙；天命有德，五服五章哉㉚；天讨有罪，五刑五用哉㉛；政事懋哉懋哉㉜！天聪明，自我民聪明㉝；天明畏，自我民明威。达于上下㉞，敬哉有土㉟！"

【注释】

①亦：通"迹"，检验。行：品行。九德：九种品德，见下。

②载：开始。采：事。

③宽而栗：宽宏又庄严。

④柔而立：柔和又能坚定。

⑤愿而恭：谨厚而能干练于职事。恭，通"供"。

⑥乱而敬：善治事者又能谨敬。

⑦扰而毅：和顺但能果断。

⑧直而温：正直而能温和。

⑨简而廉：简约率性但能志行端正。

⑩刚而塞：刚强而又平实。

⑪强而义：坚强不屈而能守道义。

⑫彰：明显；显著。

⑬吉：善。

⑭浚：今文作"翊"，明。

⑮严：通"俨"，庄重。祗：敬。

⑯亮：信。

⑰翕(xī)：合。

⑱俊乂：才智出众的人。

⑲百僚：百官。师师：较高级的长官。百工：百官。时：天时。

⑳抚：顺。五长：五位众官之长，如司徒、司马、司寇、司空、大宗伯等各官之长。

㉑凝:成。

㉒无:通"毋"。

㉓几:同"机",机微。

㉔旷:荒废。

㉕天工:即"天功",天事。

㉖叙:秩序;次序。

㉗敕(chì):告诫;告谕。

㉘自:由,用。五礼:泛指几种礼,郑玄说:"五礼,天子也,诸侯也,卿大夫也,士也,庶民也。"有人说是"吉、凶、军、宾、嘉"五礼,不可信。庸:常。

㉙寅:敬。协:和谐;融洽。衷:善。

㉚五服:天子、诸侯、卿、大夫、士五等礼服。章:彰显,表彰。

㉛五刑:即《吕刑》之墨、劓、剕、宫、大辟。用:施行。

㉜懋:勉励。

㉝自:由。

㉞达:通。上下:天意和民意。

㉟有土:指有土地之君或有封地之臣。

【译文】

皋陶说:"啊!检验一个人的品行可依据九种品德。"接着说:"说人有德,要从他所干的每件事出发来考察。"禹说:"怎么说呢?"皋陶说:"宽宏又能庄严,柔和而能坚定,谨厚而能干练守职,善治事者又能谨敬,驯顺且能刚毅果断,正直而能温和,简易率性而志行端正,刚强而又平实,坚强不屈而能守道义。天子如能奖励那些德行有常的人,就是善政了!对这九种德行每天能做到其中三种的,日夜能够努力按道德规范行事,就可以做卿大夫。每天能庄严恭敬地做到其中的六种,便可协助天子处理政务为诸侯了。天子更要能综合此三德、六德之人而普施政教,使备有九德的贤俊之士都能担任王朝职官。百官职司都按时以展事功,在五长的带领下,使各种政事都获成功。切勿使国家政教为逸乐嗜欲所腐化,大家每天都要兢兢业业地谨慎洞察万事的端倪。不可让不称职者旷废官位,因为王朝的君位、官职都是秉承天职,天事由人代行,不可旷废。

上天定下了人的伦常次序,告诫我们要遵守君臣、父子、夫妇、兄弟、朋友等常法,使这五种关系深厚有序。上天制定了尊卑贵贱的品秩等级之礼,由此才有君臣、父子、夫妇、兄弟、朋友等礼法的贯彻实行;君臣民众上下一心和衷共济吧!上天嘉命有德之人,制定了多种彩绘的服饰来表彰他们;上天给有罪之人以惩罚,用墨、劓、剕、宫、大辟五种刑罚处治他们;这样,政事就美好了!兴旺了!上天听取意见,观察问题,都是根据民众的态度;上天赏赐贤德、惩罚有罪,也是依据民众的态度。天意民意上通下达。要谨慎啊,四方诸侯们!"

皋陶曰:"朕言惠可厎行①?"禹曰:"俞,乃言厎可绩②。"皋陶曰:"予未有知,思曰赞赞襄哉③。"

【注释】

①惠:发语词。厎(zhǐ):致。

②绩:成功。

③思:助词,无意义。曰:通"爰"。赞:引导、宣明。襄:治理。

【译文】

皋陶说:"我讲的这些可以成功地贯彻执行吗?"禹说:"是的,你的话完全可以实行并会获得成功。"皋陶说:"其实我并没有什么见识,只是一直在考虑如何协助君王治理国家罢了。"

益稷①

帝曰:"来,禹!汝亦昌言。"禹拜曰:"都!帝,予何言?予思日孜孜②。"皋陶曰:"吁!如何?"禹曰:"洪水滔天,浩浩怀山襄陵,下民昏垫③。予乘四载④,随山刊木⑤。暨益奏庶鲜食⑥。予决九川、距四海⑦,浚畎浍距川⑧。暨稷播奏庶艰食⑨,鲜食⑩,懋迁有无化居⑪,烝民乃粒⑫,万邦作乂⑬。"皋陶曰:"俞!师汝昌言。"

【注释】

①益稷:本篇主要记载了舜和禹的对话,其中,禹向帝舜报告了益、稷的功绩。

②孜孜:勤勉,不懈怠。

③昏:淹没。垫:陷。

④四载:指古代的四种交通工具,旱路坐车,水路乘船,泥路用橇,山路用梮(jū)。

⑤随山刊木:沿着山岭形势,斩木通道,以便治水。

⑥暨(jì):与;和。奏:进、运。庶:众民。鲜食:活着的新鲜食物。

⑦九川:泛指九州名川。距:至;通。

⑧浚:疏通。畎(quǎn)浍(huì):田间大小不同的沟浍等。小沟称畎,大沟称浍。

⑨播:布。艰食:根生植物,即五谷。

⑩鲜(xiǎn)食:少食的地方。鲜,少。

⑪懋迁有无:转移有余以补充不足。懋,通"贸",贸易。化居,迁徙居集之货。化,通"货"。

⑫粒:通"立",定。

⑬乂:治理。

【译文】

帝舜对禹说:"来,禹。你也讲讲你的意见。"禹拜谢说道:"啊,我有什么好说的呢?我只想每天孜孜不懈地工作。"皋陶插话说:"唉!你怎么样努力不懈呢?"禹说:"滔天的洪水,浩浩荡荡地包围了山川,淹没了丘陵,老百姓都要被淹死了,我乘坐着四种交通工具,循行山林,斩木通道,以便治水。和益一起把生鲜食物给老百姓。我将九州河流疏通贯入大海,把河渠疏通使入大河。又和稷一起教老百姓播种百谷,把多余的粮食运到缺粮的地区,老百姓才安定下来,国家最终得以治理。"皋陶说:"好啊!应该学习、借鉴你的良言。"

禹曰:"都! 帝慎在位。"帝曰:"俞。"禹曰:"安汝止^①,惟几惟康②;其弼直③,惟动丕应④。徯志以昭受上帝⑤,天其申命用休⑥。"帝曰:"吁!臣哉邻哉⑦!邻哉臣哉!"禹曰:"俞。"

【注释】

①止:行为。

②惟:思。几:通"机",机微、端倪,这里偏指危险事态。康:康乐;安康;安乐。

③直:正直之人。

④丕:大。

⑤徯(xī):等待。昭:明显;显著。

⑥申:重。用:以。休:美。

⑦邻:近。

【译文】

禹对舜说:"啊,陛下身处帝位要谨慎小心!"帝舜说:"是啊!"禹说:"注重您的行为,注意事态的端倪才不致酿成大害,从而得到平安;还要有正直之人辅佐您,君主命令一发则天下大应。等待有德之人,来承接上天的命令,上天就会加赐您美好的福命。"帝舜说:"大臣是至亲至近的啊!至亲至近的是大臣啊!"禹说:"是啊!"

帝曰:"臣作朕股肱耳目①。予欲左右有民②,汝翼③。予欲宣力四方,汝为。予欲观古人之象④:日、月、星辰、山、龙、华虫作会⑤,宗彝、藻、火、粉米、黼、黻绨绣⑥,以五采彰施于五色作服⑦,汝明。予欲闻六律、五声、八音⑧,在治忽⑨,以出纳五言⑩,汝听。予违⑪,汝弼。汝无面从,退有后言。钦四邻⑫,庶顽谗说⑬,若不在时⑭,侯以明之⑮,挞以记之⑯,书用识哉⑰,欲并生哉⑱,工以纳言⑲,时而飏之⑳,格则承之、庸之㉑,否则威之㉒。"

【注释】

①股肱:大腿和胳膊,比喻辅佐大臣。

②左右：帮助。

③翼：辅助。

④象：画在衣服上的图饰。

⑤华虫：一种美丽的野鸟。会：同"绘"。

⑥宗彝：绘有虎、蜼（wěi，长尾猿）的宗庙彝器。藻：水草。火："火"字。粉米：白米。黼（fǔ）：斧形。黻（fú）：两弓相背的几何图形。絺（chī）绣：缝制、刺绣。

⑦以五采彰施于五色：郑玄云："未用谓之采，已用谓之色。"王国维说"采"当作"介"，谓五者相介（间）以发其色。可备一说。

⑧六律：指十二律吕。五声：宫、商、角、徵、羽。八音：金、石、丝、竹、匏、土、革、木八种材料的乐器所奏出的音乐。

⑨在：察。忽：指政事荒怠。

⑩出纳：听取。五言：各方面意见。

⑪违：违背。

⑫钦：敬。四邻：泛指左右大臣。

⑬顽：愚。谗说：谄媚之说。

⑭时：是。

⑮侯：射靶，指射礼。

⑯挞：鞭挞、谴责。记：通"志"，诚。

⑰书：著之刑书。用：以。

⑱生：上进。

⑲工：官。纳：采纳。

⑳飏（yáng）：表彰。

㉑格：改过。承：进。

㉒威：使畏惧。

【译文】

帝舜说："大臣们做我的左膀右臂和心腹耳目。我治理百姓，你们要辅助我。我要宣力于四方，你们要尽力而为。我打算观察古人图饰，把日、月、星辰、山、龙、华虫、虎猿、水藻、火、白米、大斧、青黑相间的亚形等图案，用五种色彩的颜料鲜明地绣制各种色彩的章服，你们要一一考订明确。我要谛听六律、五声、八音,从声音来考察政治得失,听取各方的意见,你们要为我听清楚。如果我有过失,你们要匡正我。不要当着我的面时屈从我,暗地又批评我。我尊敬的辅佐大臣们!那些愚顽进谗言的人不守政教,你们要用射侯之礼分辨出来,过分的,就鞭挞处罚给予告诫。对那些过失小的人,就把他们的罪记在刑书上,让他们悔改上进。做官的要采纳民众的意见,有善行的就表彰,改过向善的也升进录用,否则用刑罚威慑让他恐惧。"

禹曰:"俞哉!帝光天之下,至于海隅苍生^①,万邦黎献^②,共惟帝臣^③。惟帝时举^④,敷纳以言,明庶以功,车服以庸^⑤。谁敢不让^⑥,敢不敬应^⑦?帝不时^⑧,敷同日奏^⑨,罔功^⑩。"

【注释】

①苍生:老百姓。

②黎献:黎民中的贤者。

③共:同。惟:为。

④时:及时。

⑤车服以庸:以车服表彰其功劳。庶,考察。

⑥让:让功服善。

⑦应:承。

⑧时:通"是",这么做。

⑨敷同:不分善恶。

⑩罔:无。

【译文】

禹说:"啊呀!陛下光照天下,天下苍生百姓,万国的贤人,都是陛下的臣子。全在于陛下及时举用,广泛地吸纳他们的意见,明确地考察他们的功绩,公正地以车马服饰赏赐他们的功勋。这样,谁敢不让功服善,谁敢不敬承天命?如果陛下不这么做,而使贤愚善恶同样进用,就不会取得政绩。"

帝曰:"无若丹朱傲①,惟慢游是好②,敖虐是作③,罔昼夜頟頟④,罔水行舟⑤。朋淫于家⑥,用殄厥世⑦,予创若时⑧。"

【注释】

①无:通"毋"。傲:同"敖",戏谑。

②慢游:逸游无度。

③敖虐:戏谑。

④頟(é)頟:没有休息的样子。

⑤罔水行舟:没有水而在陆地上行船。比喻行为违背常理。

⑥朋:群。

⑦用:以。殄:灭绝。世:父子相继。

⑧创:惩。

【译文】

帝舜说:"不要像丹朱那样沉溺于游玩嬉戏,放纵自己,贪乐戏荡,昼夜不眠不休。河中水浅也强迫非要行船。在家中也纵情声色,终使他的世系断绝了。我们可不能迁就他这样的恶劣行为。"

"娶于涂山①,辛壬癸甲②,启呱呱而泣,予弗子③,惟荒度土功④,弼成五服⑤,至于五千⑥,州十有二师⑦。外薄四海⑧,咸建五长⑨。各迪有功⑩,苗顽弗即功⑪,帝其念哉⑫。"

【注释】

①涂山:涂山氏。

②辛壬癸甲:古代以干支纪日,辛壬癸甲共计四天。

③子:作动词用,抚育儿子。

④荒:大。度:就。

⑤五服:《禹贡》有甸服、侯服、绥服、要服、荒服五服之制,其实是虚拟。

⑥五千:《禹贡》记每服五百里,五服则二千五百里,两面计之方五千

里。也是虚构。

⑦州十有二师:《尧典》有十二州,指地方行政制度的设立。师作为地方长官,即十二州牧。

⑧薄:迫近。

⑨五长:各地的诸侯。

⑩迪:道,蹈。

⑪即功:归顺舜帝功业。

⑫念:思。

【译文】

禹说:"我娶涂山氏的女儿,在辛日结婚,到甲日就离开家忙着去治水。我的儿子启出生,呱呱哭泣,我也没有尽过抚育儿子的责任,只是全力忙于治理水土的事情。终于辅助陛下完成划天下为五服的大业,使疆域每方达到五千里,又制定了十二州师的地方行政区划,疆土扩展,广至四海,并在每五个诸侯国中选定国君之贤者为长,他们都能建立功勋。只有苗族愚顽不服帝功,陛下要时刻留意。"

帝曰:"迪朕德,时乃功①,惟叙②。皋陶方祗厥叙③,方施象刑惟明④。"

【注释】

①时:通"是"。

②惟:宜。叙:顺。

③祗:敬。

④象刑:把刑杀的图像刻画在器物上,以示警戒。

【译文】

帝舜说:"用我们的德教去开导他们,全是你的功劳,三苗应该会顺从。现在皋陶敬重你的德业,对愚顽不服的人开始明确地用刑罚威慑。"

夔曰:"戛击鸣球①,搏拊琴瑟以咏②。祖考来格③。虞宾在位④,群后德让⑤。下管鼗鼓⑥,合止柷、敔⑦,笙镛以间⑧。鸟兽跄跄⑨。箫韶九成⑩,凤凰来仪⑪。"夔曰:"於⑫!予击石拊石⑬,百兽率舞,庶尹允谐⑭。"

【注释】

①戛(jiá):敲击;弹奏。鸣球:玉磬。球,玉。

②搏:手击。拊(fǔ):轻击。咏:合咏歌之声。

③祖:父之考,即祖父。考:父。格:至,常用于祭祀时神祇来飨之意。

④虞宾在位:指前代帝王的后裔,这些人对舜来说当为贵宾。

⑤群后德让:诸侯助祭者各以德相让。

⑥下管:古代举行大祭等仪式,奏管乐者在堂下,故称管乐器为"下管"。鼗(táo):两旁有耳的小鼓。

⑦合止柷(zhù)、敔(yǔ):即"合之柷敔"。止,通"之"。柷、敔,皆古乐器,形制不详。

⑧笙:乐器。镛:大钟。间:指笙和镛互相代替着演奏。

⑨鸟兽跄跄:人扮为鸟兽起舞的样子。

⑩箫韶:舜所制之乐。九成:演奏九遍。

⑪凤凰来仪:凤凰来舞,仪表非凡。古代指吉祥的征兆。

⑫於:叹词。

⑬石:磬。

⑭庶尹:百官。

【译文】

夔说:"(堂上乐工)敲击玉磬,抚击琴瑟,作为歌咏的配乐。祖先的神灵到了。此时前代帝王的后裔作为虞宾已就祭位,前来助祭的诸侯也都互相礼让着坐下来。(堂下)吹起竹制乐器,敲起鼗鼓,与柷、敔、笙、钟之音相合,与堂上咏歌之声迭相起奏。乐声悠扬,人扮演着鸟兽轻盈地跳起舞来。《箫韶》之乐演奏九遍,扮演凤凰的舞队,仪态万方。"夔还说:"啊,我敲击石磬,人扮演的百兽纷纷起舞,百官更是和谐融洽。"

尚书

46

帝庸作歌①,曰:"敕天之命②,惟时惟几③。"乃歌曰:"股肱喜哉④,元首起哉⑤,百工熙哉⑥!"皋陶拜手稽首飏言曰⑦:"念哉⑧!率作兴事⑨,慎乃宪⑩,钦哉!屡省乃成⑪,钦哉!"乃赓载歌曰⑫:"元首明哉!股肱良哉!庶事康哉!"又歌曰:"元首丛脞哉⑬!股肱惰哉⑭!万事堕哉⑮!"帝拜曰:"俞!往钦哉!"

【注释】

①庸:因此。

②敕:勤劳。

③惟时惟几:时时事事都要提高警惕。

④股肱:左右辅佐大臣。

⑤元首:君主。起:兴起。

⑥百工:百事。熙:兴起;兴盛。

⑦拜手稽首:跪拜叩头。飏:同"扬",接着,继续。

⑧念:思考,记住。

⑨率:率领。

⑩宪:法令;法律。

⑪屡省:反复仔细地考虑。

⑫赓(gēng):继续;连续。载:为。

⑬丛脞(cuǒ):琐碎;杂乱。

⑭惰:懈怠。

⑮堕:毁坏。

【译文】

帝舜因此唱起歌来:"要勤劳于上天的大命啊,时时事事都要小心谨慎。"接着又唱道:"大臣百官乐于办好政事啊!君王我就振奋兴起了啊!国家万事就都兴旺了啊!"皋陶跪拜叩头,接着说:"把国君的教导记在心里啊!天子率领群臣振兴事功,大家要慎重对待公共法令,千万要恭敬啊!凡事要反复思考才会成功,千万要恭敬啊!"皋陶又接着唱道:"天子圣明啊!大臣贤良啊!诸事安宁啊!"又歌唱道:"天子把精力放在琐碎

虞夏书

的小事上啊！大臣们就会懈怠了啊！政事也就荒废了啊！"帝舜听了,拜谢道:"对啊！大家好好努力各司其职吧！"

禹贡①

禹敷土②,随山刊木③,奠高山大川④。

【注释】

①禹贡:本篇是中国最早的地理著作,讲述大禹治水、划分九州,并记载了"九州"山川、土壤、物产、贡赋等。本篇的主体内容反映了春秋时期的地理状况,但也经过了战国人的增益加工。贡,进献。

②敷:分。

③刊:砍削。

④奠:定;建立。

【译文】

禹划分了九州的疆界,随着山势斩木通道,把各州高山大河确定了。

冀州①。既载壶口②,治梁及岐③。既修太原④,至于岳阳⑤。覃怀底绩⑥,至于衡漳⑦。厥土惟白壤⑧,厥赋惟上上⑨,错⑩,厥田惟中中⑪。恒卫既从⑫,大陆既作⑬。岛夷皮服⑭。夹右碣石入于河⑮。

【注释】

①冀州:禹划九州之一,是天子直接管理的王畿。约为现在山西和河北西部。

②既:已。载:成。壶口:山名。

③治:治理。梁:山名。岐:山名。

④修:治理。太原:在今山西太原一带。

⑤岳阳:太岳山以南的区域。岳,太岳山,在今山西霍县东。

尚
书

48

⑥覃(tán)怀:在今河南武陟、沁阳一带。厎:致。绩:功。

⑦衡漳:漳水横流入黄河,故称。衡,通"横",谓漳水横流。

⑧惟:是。白壤:一种沙质含盐的土壤,因洪水流过,又经蒸发所致。这种盐碱地农作物产量很低。

⑨上上:第一等,《禹贡》将九州田、赋分作九等,即上上、上中、上下、中上、中中、中下、下上、下中、下下。

⑩错:杂。这里指杂出第二等赋税。

⑪中中:第五等。

⑫恒卫既从:意谓恒、卫二水已治好,顺利流泻了。

⑬大陆:大陆泽,在今河北巨鹿县西北,是古代内陆湖泊,后大都淤成平地。作:耕作。

⑭岛夷:古代居住在东海岛上的民族。皮服:这个地区所贡物品。

⑮夹:《东坡书传》云:"夹,挟也,自海入河,逆流而西,右顾碣石,如在挟腋也。"

【译文】

冀州。壶口已经治理好了,便开始治理梁山和岐山。太原附近的河道也治理好了,又整治太岳以南的地区。覃怀地区成效显著,又到了横漳水一带,一些河道也得到了治理。这里的土壤是含盐的白壤,赋税属于第一等,但根据收成有时杂出第二等,耕地属于第五等。恒水、卫水都疏通了,大陆泽周围土地也可以耕种了。岛夷民族进贡珍奇的鸟兽皮毛,他们可从碣石入黄河来贡。

济、河惟兖州①。九河既道②,雷夏既泽③,灉、沮会同④。桑土既蚕⑤,是降丘宅土⑥。厥土黑坟⑦,厥草惟繇⑧,厥木惟条⑨。厥田惟中下。厥赋贞⑩。作十有三载⑪,乃同⑫。厥贡漆、丝,厥筐织文⑬。浮于济、漯⑭,达于河⑮。

【注释】

①济:古代四渎之一,源出河南济源市,汉代经河南武陟县流入黄

河,又向南流入山东。惟:是。兖(yǎn)州:地名。

　②九河:泛指古兖州境内黄河下游的诸多河道。道:通。

　③雷夏:大泽名。

　④灉、沮:二水名,都是黄河支流。

　⑤桑土:土地上种桑树。

　⑥丘:人工堆建用于抵抗洪水的土坡。

　⑦黑坟:一种含有黑色植物腐质肥料的灰棕壤。坟,土地肥沃。

　⑧繇:抽,发芽。

　⑨条:小枝。

　⑩贞:金履祥《尚书表注》说"贞"为篆文"下下"之讹,可从。下下,
即第九。

　⑪作:开垦;耕作。

　⑫同:同于他州。

　⑬篚(fěi):圆形的盛物竹器。织文:染丝织成花纹的丝织品。

　⑭浮:以船行水。漯(tà):水名,古代黄河的支流。

　⑮达:通。

【译文】

　济水和黄河之间一带是兖州地区。黄河下游众多河道已经疏通,雷
夏洼地已汇成湖泽,灉水、沮水汇合流入雷夏泽。土地已能够种植桑树,
饲养家蚕,人们从高坡上搬到平地居住了。这里是土壤肥沃的黑土,长
着茂盛的草木。这里的耕地属于第六等,赋税为第九等。开垦十三年
后,再和其他州的赋税相同。该州的贡物是漆和丝,还有装在圆竹筐里
的染有各种美丽图纹的丝织品。入贡的道路可由济水、漯水乘船顺流入
黄河。

　海岱惟青州①。嵎夷既略②,潍、淄其道③。厥土白坟④,海滨广
斥⑤。厥田惟上下。厥赋中上。厥贡盐、绨、海物惟错⑥,岱畎丝、
枲、铅、松、怪石⑦。莱夷作牧⑧,厥篚檿丝⑨。浮于汶⑩,达于济

【注释】

①海:渤海。岱:泰山。青州:今山东半岛,东北至辽宁东部。

②嵎夷:泛指古代东方少数民族,这里指居住在辽东的一部分少数民族。略:划定疆界。

③潍:潍河,源于今山东莒县北潍山。淄:淄河,源于山东益都县。道:治理;疏通。

④白坟:浅色的肥沃土壤,指灰壤或浅色草甸土。

⑤斥:盐卤地。

⑥盐:海盐。绨(chī):细葛布。海物:鱼蟹一类可以食用的海产品。惟:与。错:错杂,言种类繁多。

⑦岱畎(quǎn):泰山的沟谷。丝:蚕丝。枲(xǐ):雄株麻。铅:孔颖达说:"铅,锡也。"怪石:怪异,美好似玉的玉石。

⑧莱夷:活动在今山东半岛的夷人。作牧:(向中央王朝)贡献牲畜。

⑨麖(yǎn)丝:柞蚕丝。麖,山桑,即柞树。

⑩汶(wèn):汶水,源出今山东莱芜县。

【译文】

渤海和泰山之间是青州地区。已治理好嵎夷族,为其划定疆界,又疏导了潍水、淄水。这里是肥沃的白壤,沿海地区是广大的盐卤之地。耕地属于第三等,赋税则为第四等。该州的贡物是盐、细葛布、各种各样的海产品,并有泰山山谷所产丝、麻、铅、松、玉石。莱夷族贡献的是畜产,还有装在竹筐子里的山蚕和丝。进贡的船只由汶水直达济水。

海、岱及淮惟徐州①。淮、沂其义②,蒙、羽其艺③。大野既猪④,东原底平⑤。厥土赤埴坟⑥,草木渐包⑦。厥田惟上中。厥赋中中。厥贡惟土五色⑧,羽畎夏翟⑨,峄阳孤桐⑩,泗滨浮磬⑪,淮夷蚌珠暨鱼⑫。厥篚玄纤缟⑬。浮于淮、泗,达于菏⑭。

【注释】

①淮:淮河。

②沂:沂水,源于山东沂水县北。乂:治。

③蒙:蒙山,在山东蒙阴县西南。羽:羽山,在今江苏赣榆县西南。艺:种植庄稼。

④大野:巨野泽,在今山东巨野县境。猪:同"潴",水停止、聚集。

⑤东原:在今山东泰安至东平一带。厎:底,成功。

⑥赤埴(zhí)坟:棕色的黏性肥土。埴,黏土。

⑦渐:逐渐生长。包:通"苞",草木丛生。

⑧土五色:指青、红、白、黑、黄五种不同颜色的土。

⑨羽畎:羽山的山沟。夏翟(dí):山雉,即长尾野鸡,羽毛可作装饰。

⑩峄(yì):山名,在今江苏省邳县。孤桐:桐树中之特优者称孤桐。

⑪泗:水名。浮磬:一种石头。

⑫淮夷:淮北之夷,在徐州之域。玭(pín)珠:蚌珠。

⑬玄:黑中带红的颜色。纤:细。缟:白色丝织物。

⑭菏:水名,出定陶西南。

【译文】

东起大海,北边至泰山,南边至淮河,这里是徐州地区。淮水、沂水已经治理好了,蒙山、羽山地方也都可以种植庄稼了。巨野泽汇积四方流水,东原地区的水患解除了。这里的土壤是棕色的黏土,草木繁茂丛生。耕地属于第二等,赋税则为第五等。该州贡物有五色土、羽山谷进贡长尾野鸡、峄山南面进贡特产制琴良桐、泗水河畔进贡浮磬石和淮夷族进贡珍珠及鱼产,还有把筐装着的赤黑色细缯和白色绸帛作为贡物献来。进贡的船只从淮水经泗水,入菏水。

淮、海惟扬州。彭蠡既猪①,阳鸟攸居②。三江既入③,震泽厎定④。筱簜既敷⑤。厥草惟夭⑥,厥木惟乔⑦。厥土惟涂泥⑧。厥田惟下下,厥赋下上上错。厥贡惟金三品⑨,瑶、琨、筱簜⑩、齿、革、羽、毛惟木⑪。岛夷卉服⑫,厥篚织贝⑬,厥包橘柚锡贡⑭。沿于江、海,达于淮、泗。

①彭蠡(lǐ):长江北岸一个大湖泊或湖泊群,非今鄱阳湖。猪:同"潴"。

②阳鸟:鸿雁一类的候鸟。攸居:安居。

③三江:指彭蠡泽以东长江及其支流诸水。

④震泽:太湖。厎:致。

⑤篠(xiǎo):箭竹。簜(dàng):大竹。敷:布,这里指生长。

⑥夭:草木生长茂盛的样子。

⑦乔:高。

⑧涂泥:黏质湿土。

⑨金三品:谓金、银、铜。一说指铜之青、白、赤三色。

⑩瑶:美玉。琨:美石。

⑪齿:象牙。革:兽皮。羽:珍禽之羽。毛:同"旄",牦牛尾。羽、毛皆指舞具。惟:与。

⑫岛夷:指东海、南海大小岛屿上的少数民族。卉服:草制的衣帽鞋类。

⑬织贝:织有贝壳花纹的绵。

⑭包:包装。橘:橘子。柚:柚子。锡:同"赐"。

【译文】

淮河以南,海以西北的地区是扬州。彭蠡泽已汇聚了许多河流,作为每年雁阵南飞过冬的居住地。彭蠡以东诸江之水已流入海,太湖水域也治理安定了。大小竹子普遍地生长起来,芳草茂盛,乔木葱翠。这里的土质属潮湿泥地,耕地属于第九等,赋税则为第七等,有时杂出第六等。该州的贡物有青铜、白铜、赤铜,以及瑶琨美玉、大小竹材、象牙、皮革、鸟羽、旄牛尾以及木材,和岛夷族所贡的草制衣服、用筐子装着的绚丽的丝织贝锦,还有妥善包装的橘子、柚子。进贡船只沿着长江、黄海直达淮水和泗水,然后再沿徐州贡道入于河。

荆及衡阳惟荆州①。江、汉朝宗于海②,九江孔殷③,沱、潜既

53

道④,云梦土作乂⑤。厥土惟涂泥,厥田惟下中,厥赋上下,厥贡羽、毛、齿、革,惟金三品,杶干栝柏⑥,砺砥砮丹⑦,惟箘簵楛⑧。三邦厎贡厥名⑨,包匦菁茅⑩,厥篚玄纁玑组⑪。九江纳锡大龟⑫。浮于江、沱、潜、汉⑬,逾于洛⑭,至于南河⑮。

【注释】

①荆:荆山,在今湖北省南漳县西。衡阳:衡山的南面。荆州:包括今湖北、湖南省境中部,及四川和贵州的一部分。

②江:长江。汉:汉水。朝宗于海:顾颉刚《中国古代地理名著选读》第一辑说:"从前诸侯见天子春见称朝,夏见称宗。这里是把海比作天子,江、汉比作诸侯,说江、汉合流以后归于大海。"

③九江:在今湖北省黄冈地区广济一带,九为虚数,非必是九条水。孔:甚,很。殷:众。

④沱:水名,长江支流。潜:水名,汉水支流。道:疏浚通畅。

⑤云梦:即云梦泽。作乂:获得治理。

⑥杶(chūn):椿树。干:柘木,可做弓。栝(guā):桧树。柏:柏树。

⑦砺砥:磨刀石。砮(nǔ):可以做箭镞的石头。丹:朱砂。

⑧箘(jùn)簵(lù):竹名,可做箭杆。楛:木名,可做箭杆。

⑨厥名:有名的特产。

⑩包:裹;包住。匦(guǐ):捆扎缠结。菁茅:香草名。茅的一种。古代祭祀时用以缩酒。一说,菁茅为二物。

⑪玄:黑色。纁(xūn):浅红色。玑组:古人佩玉所系的带子。玑,珍珠类。组,丝带。

⑫纳:入。锡:同"赐",赐予。

⑬浮:在水上行驶;航行。

⑭逾:越过,指水路不通须越过陆地才能到达。洛:《史记》作"雒",水名,源出陕西洛南县,东至河南巩义入河,与陕西境内入渭的洛水非一。

⑮南河:指黄河。

从荆山到衡山南面是荆州地区。长江、汉水在此共同流入海,至九江地区水势很盛。长江的支流沱江、汉水的支流潜江都已经疏通,云梦泽水域也已获得治理可以种植庄稼。这里的土壤也是潮湿的泥地,田地属于第八等,赋税则为第三等。这一州的贡物有鸟羽、旄牛尾、象牙、兽皮和三种金属,以及杶、楛、桧、柏四种木材,还有精粗两种磨刀石、砮磩石、朱砂、箘竹、簵竹、楛树。州内诸地也献上当地名产,有捆扎起来专供宗庙祭祀缩酒之用的菁茅、把黑色的、浅红色的丝织品装在筐子里献上,还有用来佩玉的缫带,更有九江所献祭祀用的神龟。进贡道路是先走水路经由江水及各支流沱水、潜水等以通汉水,然后登岸由陆路运达洛水,再进入黄河。

荆、河惟豫州^①。伊、洛、瀍、涧既入于河^②,荥波既猪^③,导菏泽^④,被孟猪^⑤。厥土惟壤^⑥,下土坟垆^⑦。厥田惟中上,厥赋错上中。厥贡漆、枲、𫄨、纻^⑧,厥篚纤纩^⑨。锡贡磬错^⑩。浮于洛,达于河。

【注释】

①豫州:在《禹贡》九州的中央,与青州之外其他七州相邻,又称"中州"。

②伊:伊水,源出今河南卢氏县。洛:《史记》作"雒",源出陕西洛南县。瀍:瀍水,源出今河南省孟津县西北谷城山,东入洛水。涧:涧水,源出今河南省渑池县东北白石山,东流入洛水。

③荥波:又叫荥播,即荥泽,在今河南荥阳县境。猪:同"潴",水停聚处。

④菏泽:在今山东定陶,属古兖州,叙在此州,是因其水入于孟诸泽。

⑤被:覆盖。孟猪:即"孟诸",在今河南商丘东北。

⑥壤:指松软的土。

⑦下土坟垆(lú):辛树帜《禹贡新解》说:"分布于豫州,与前述之坟

皆为壤之下土即底层。许慎著《说文》释垆为黑刚土,土坚刚而色黑,或指分布于河南低城地石灰性冲积土底层之深灰黏土与石灰结核;结核多者连接成层。

⑧枲:麻。绤:精细的葛织物。纻(zhù):纻麻。

⑨纤纩(kuàng):细丝绵。

⑩锡贡:纳贡、进贡。锡,同"赐"。错:治玉之石。

【译文】

从荆山到黄河之间是豫州地区。伊水、洛水、瀍水、涧水都汇集于洛水而流入黄河。荥泽地域横溢之水也已汇集成湖,水大时,可疏通菏泽之水向南泻入孟诸泽。这里的土壤比较松软,低下之处是黑色硬土。耕地属于第四等,赋税是第二等,杂出第一等。该州的贡物有漆、纻麻、精细葛布、麻,还有把细丝绵装在筐子里,和磨磬的砺石一并贡献。贡道是从洛水船运到黄河。

华阳、黑水惟梁州①。岷嶓既艺②,沱潜既道,蔡蒙旅平③,和夷底绩④。厥土青黎⑤,厥田惟下上,厥赋下中三错。厥贡璆、铁、银、镂、砮、磬⑥,熊、罴、狐、狸⑦。织皮、西倾因桓是来⑧,浮于潜⑨,逾于沔,入于渭⑩,乱于河⑪。

【注释】

①华阳:华山的南面。

②岷:岷山,在四川省松潘县境,岷江所出。嶓(bō):嶓冢山,在今陕西宁强县东北。

③蔡:山名,叶梦得《尚书传》认为是四川雅安东南的蔡家山,胡渭《禹贡锥指》以为是峨眉山,未知孰是,总之是四川境内一山。蒙:山名,在四川雅安县北。旅:道。平:平治。

④和夷:少数民族名。和,水名。

⑤青黎:指土地颜色而言,即黑色。

⑥璆(qiú):黄金,梁州特产。镂:质地坚硬可用于刻镂的铁。

⑦罴：一种熊。狐：似犬而长尾。狸：山猫。

⑧织皮：王鸣盛《尚书后案》说："谓西戎之国，即昆仑等是也。"西倾：山名，在甘肃、青海交界处。桓：桓水，即今嘉陵江上游白龙江。

⑨潜：潜水，汉水支流。

⑩逾于沔(miǎn)，入于渭：金履祥《尚书表注》谓经文有误，当作"入于沔，逾于渭"，极是。逾，两水不通而须经过陆路。沔，沔水，汉水的上游。渭，渭水，为黄河最大支流。

⑪乱：正面横渡。

【译文】

从华山南面西至黑水是梁州地区。岷山和嶓冢山治理后已可种植庄稼，江、汉两水的支津沱水、潜水都已疏浚，蔡山和蒙山的工程也已完工，和夷族等西南夷民也已治理安定。这里的土壤是青黎土，耕地属于第七等，赋税为第八等，夹杂着七、九二等。该州贡物有黄金、铁、银、镂钢、砮磬石、磬石，以及熊、罴、狐、狸四种兽皮。织皮和西倾山的贡物也沿着桓水而来。贡道是先用船运经由潜水进入沔水，然后舍舟登陆行至渭水，再横渡渭水横渡黄河。

黑水、西河惟雍州①。弱水既西②，泾属渭汭③，漆沮既从④，沣水攸同⑤。荆岐既旅⑥，终南惇物⑦，至于鸟鼠⑧，原隰底绩⑨，至于猪野⑩。三危既宅⑪，三苗丕叙⑫。厥土惟黄壤⑬，厥田惟上上，厥赋中下。厥贡惟球琳琅玕⑭。浮于积石⑮，至于龙门、西河⑯，会于渭汭⑰。织皮、昆仑、析支、渠搜⑱，西戎即叙⑲。

【注释】

①西河：山西和陕西分界处的黄河，因在冀州之西，故名。雍州：今陕西中部、北部和甘肃大部。

②弱水：即今甘肃张掖河，源于今甘肃山丹县，西流入居延海。

③泾：泾水，源出宁夏泾源县。属：入也。渭汭(ruì)：泾水流入渭水相交弯曲之处。

④漆:漆水。沮:沮水。漆沮分流时为二水名,合流后成一水名。既从:指漆合于沮,沮合于渭。

⑤沣:发源于陕西户县终南山,北流入渭。攸:所。同:指沣与漆、沮同样入渭水。

⑥荆:荆山,在今陕西朝邑县西南。岐:岐山,在今陕西岐山县东北。旅:道,治理。

⑦终南:终南山,今西安市南五十里。惇物:太乙山的北峰武功山。

⑧鸟鼠:山名,全称鸟鼠同穴山,在今甘肃渭源县西南。

⑨原隰:本义是低下的湿地,郑玄说是地名,在今陕西旬邑、彬县一带。皆可通。

⑩猪野:又作"都野",泛指雍州的湖泽、沃壤。

⑪三危:山名。宅:安定。

⑫丕:大。叙:指安置就绪。

⑬黄壤:其地本为黄土高原,故泛称黄壤。

⑭球:玉磬。琳:青碧色的玉。琅玕:山中所产的美石。

⑮积石:山名,今青海省同仁、同德两县西南的阿尼玛卿山。

⑯龙门:山名,在今陕西韩城县东北。

⑰渭汭:渭水入黄河处。

⑱昆仑:族名,在今青海境内。析支:西戎族名。渠搜:地名,在今内蒙古鄂托克旗南故朔方城。

⑲西戎:居住在西方的少数民族。即:就。

【译文】

从黑水到西河是雍州地区。弱水疏通后向西流去,泾水疏通后流入渭水,漆水和沮水疏通汇合后也流入渭水,沣水从南面同样入于渭水。荆山、岐山一带平治完毕,终南山、惇物山直到鸟鼠山,无论平原还是湿地,都已得到治理,直至猪野泽这一肥沃的湖沼。三危山民众安居乐业,三苗民众也得到很好的安置。这里的土壤是黄壤,田地属于第一等,赋税第六等。该州贡物有玉磬、玉碧、琅玕。贡道是从积石山附近的黄河到达龙门山下的西河,南和渭水航道会于渭水入黄河之处。织皮、昆仑、析支、渠搜等西戎族也都安定和顺。

导岍及岐①,至于荆山②;逾于河③,壶口、雷首④,至于太岳⑤;底柱、析城⑥,至于王屋⑦;太行、恒山⑧,至于碣石⑨,入于海⑩。西倾、朱圉、鸟鼠⑪,至于太华⑫;熊耳、外方、桐柏⑬,至于陪尾⑭。导嶓冢⑮,至于荆山⑯;内方⑰,至于大别⑱。岷山之阳⑲,至衡山;过九江⑳,至于敷浅原㉑。

【注释】

①导:循行。

②荆山:非荆州之荆山,乃为北荆山,在大荔东南朝邑西境。

③逾于河:屈万里《尚书集释》说:"荆山东接黄河,一若山越河而过者,故云逾于河。"

④壶口:山名,在今山西省吉县。雷首:山名,在今山西省永济市。

⑤太岳:山名,在今山西霍县东。

⑥底柱:即三门山,在今山西平陆县。析城:山名,在今山西阳城县。

⑦王屋:山名,在今河南省济源市西北,绵延至山西、河北。

⑧太行:山名,在今山西、河北、河南三省交界处。

⑨碣石:渤海北岸的山石,在今河北乐亭县南的海岸。

⑩入于海:山势尽于海。

⑪西倾:山名,在今甘肃、青海交界处。朱圉:山名,在今甘肃甘谷县。

⑫太华:即华山,在今陕西华阴县南。

⑬熊耳:山名,在今河南卢氏县。外方:山名,即今河南登封县内的嵩山,五岳的中岳。桐柏:山名,在今河南省桐柏县。

⑭陪尾:山名,即今湖北安陆市的横山。

⑮嶓冢:山名,在今陕西省宁强县。

⑯荆山:即南荆山,在湖北南漳县南。

⑰内方:山名,在湖北钟祥县西南。

⑱大别:山名,即今鄂皖边界的大别山。

⑲岷山:在四川省松潘县境。

⑳九江:湖北省广济一带的大江与有关之水。

㉑敷浅原:即今江西庐山。

【译文】

(循行九州各山,)首先沿着渭水北岸,从岍山、岐山,直至黄河西岸的北荆山;越过黄河,从壶口山,经雷首山,一直到太岳山;南循厎柱山,东过析城山,直至王屋山;东北自太行山、恒山,直至碣石山,山势入于海中。又沿渭水南岸,由西倾山、朱圉山、乌鼠山,直至太华山;接着沿大河之南,再由熊耳山、外方山、桐柏山,直至陪尾山。再沿汉水,从嶓冢山,直到南荆山;接着从内方山,直至大别山。又再次沿江水,从岷山的南面到衡山;越过九江,直至敷浅原。

导弱水①,至于合黎②,余波入于流沙③。

【注释】

①弱水:即今甘肃张掖河,源于今甘肃山丹县,西流入居延海。

②合黎:山名。

③余波:河的下游。流沙:泛指西北广大沙漠地区。

【译文】

循行九州各水,弱水,西流到合黎山下,下游流入沙漠地带。

导黑水,至于三危,入于南海①。

【注释】

①南海:相当于今青海。

【译文】

黑水,流至三危山,下游流入南海。

导河积石,至于龙门,南至于华阴①,东至于厎柱,又东至于孟津②,东过洛汭③,至于大伾④,北过降水⑤,至于大陆⑥,又北,播为九河⑦,同为逆河⑧,入于海。

【注释】

①华阴:华山的北面。

②孟津:古代黄河渡口。

③洛汭:洛水入黄河处。

④大伾(pī):大伾山,在今河南浚县。

⑤降水:亦作"漳水",源出今山西屯留县方山。

⑥大陆:湖泽名,又称巨鹿泽。

⑦播:分散,分布。九河:古兖州境内黄河下游的诸多河道。

⑧逆河:海水涨潮时倒灌入河。逆,迎受。

【译文】

河水,流至积石山,通达龙门,向南流至华山北面,东过厎柱山,至于孟津,东过洛水入河处,再往前流到大伾山,折而北流,经过降水入河处,再前流注入大陆泽,又自泽的东北流出,分布为诸多河道,各河道下游入海口河段都承受着河水,最后都入渤海。

嶓冢导漾①,东流为汉,又东为沧浪之水②,过三澨③,至于大别,南入于江④,东汇泽为彭蠡,东为北江⑤,入于海。

【注释】

①嶓冢:山名,是漾(汉)水的源头。漾:漾水,汉水上游。

②沧浪之水:原是楚国境内汉水的名称。

③三澨(shì):胡渭《禹贡锥指》说:"三澨当在淯水入汉处。一在襄城北,即大堤。一在樊城南,一在三洲口东,皆襄阳县地。"

④南入于江:汉水过了湖北襄樊后,向东南流,过大别山西南麓后,向南注入长江。

⑤北江:长江下游,在彭蠡以东的一段,非指汉水。

【译文】

漾水,从嶓冢山开始,东流后称汉水。又东流称沧浪之水,再向前南流经过三澨,流入大别山,再南流入长江,又东流汇为彭蠡泽,东出为北江,流入东海。

岷山导江,东别为沱①,又东至于澧②,过九江③,至于东陵④,东迆北会于汇⑤,东为中江⑥,入于海。

【注释】

①沱:长江支流皆称沱,这里指四川境内岷江东之水。

②澧:今川东诸水以下,湖北九江以上的长江河道所经过的一处湖沼。

③九江:湖北广济一带容纳了长江的多条支流。

④东陵:地名。

⑤迆(yǐ):斜行。汇:水众多,回旋停蓄而成泽。

⑥中江:长江下游分道入海的三条支流之一。

【译文】

从岷山开始到长江,向东则别出一条支流称沱水,再向东到澧水地带,然后流过九江,到达东陵;再自东陵东去,逶迆北流,汇于彭蠡泽,然后自泽中再东出称为中江,最后入于海。

导沇水①,东流为济②,入于河③,溢为荥④,东出于陶丘北⑤,又东至于菏⑥,又东北会于汶⑦,又北,东入于海⑧。

【注释】

①沇(yǎn)水:发源于王屋山,至河南武陟县入黄河。

②东流为济:《孔传》说:"泉源为沇,流去为济。"

③入于河:出于王屋山的济水南入大河。

④溢:指黄河漫溢,形成荥泽。荥:荥泽。

⑤陶丘:在山东定陶县。

⑥菏:即菏泽。

⑦汶:汶水,在今山东东平县安山入济水。

⑧东入于海:《孔传》说:"北折而东。"

【译文】

沇水,向东流称为济水,流入黄河,河水流溢而成为荥泽,再东流过陶丘的北面,一直流入菏泽,再向东北和汶水相合,又向北流,最后折向东流入大海。

导淮自桐柏①,东会于泗、沂,东入于海。

【注释】

①桐柏:桐柏山。

【译文】

淮河,自桐柏开始,向东和泗水、沂水相会,再向东流入大海。

导渭自鸟鼠同穴,东会于沣,又东会于泾,又东过漆沮①,入于河。

【注释】

①漆沮:二水名,与上沣、泾二水都注入渭水下游。

【译文】

渭水,自鸟鼠同穴山开始,向东流与沣水汇合,再东流至泾水入渭处,又东流经过漆沮水入渭处,注入大河。

导洛自熊耳①,东北会于涧、瀍,又东会于伊②,又东北入于河③。

①洛:《史记》作"雒",源出今陕西洛南县。熊耳:山名。

②东北会于涧、瀍,又东会于伊:即上文"豫州"节的"伊、洛、瀍、涧既入于河"。

③东北入于河:洛水东汇伊水后,又东经河南巩义南,又东北流至洛口入黄河。

【译文】

洛水,从熊耳山开始,向东和涧水、瀍水汇合后,又向东和伊水相会,再东北流入黄河。

九州攸同①,四隩既宅②,九山刊旅③,九川涤源④,九泽既陂⑤,四海会同⑥。六府孔修⑦,庶土交征⑧,厎慎财赋⑨,咸则三壤⑩,成赋中邦⑪。锡土姓⑫。祗台德先⑬,不距朕行⑭。

【注释】

①九州:即上文的冀、兖、青、徐、扬、荆、豫、梁、雍九州。攸:所。同:同样(得到平治)。

②四隩(ào):即"四奥",四方地境。宅:居。

③九山:与下文九川、九泽均泛指九州的山川林泽。刊:辟除。旅:治。

④涤:同"条",疏通到达。

⑤陂:堤坝。

⑥四海会同:天下统一。

⑦六府:掌管贡赋税收的六个府库。孔:甚,很。修:治。

⑧庶土:泛言九州众多的土地。交征:勘定各州土地质量以供征税。

⑨厎慎财赋:《孔传》云:"致所慎者,财货贡赋,言取之有节,不过度。"厎,致,获得。

⑩则:法。三壤:土壤分为上中下的三品九等。

⑪成赋:交纳赋税。中邦:指九州。蔡沈《书集传》说:"盖土赋或及

于四夷,而田赋则止于中国而已,故曰成赋中邦。"即赋税仅限于九州。

⑫锡土姓:分土赐姓,建立各方国。锡,同"赐"。

⑬祗:敬。台(yí):以。

⑭距:违背;违抗。朕:我。

【译文】

九州疏导工程都顺利完工,四方境内都可以居住了。九州的大山都已开凿治理了,九州的大河也都已疏通了,九州湖泽地区也大都修筑堤防了,天下统一了。掌收贡赋的六府运转良好,九州众多的土地都可征收赋税了,但必须谨慎有节,依据上中下三种土地肥瘠为准则来定税额。然后封土赐姓,建立方国。要把以敬重德行放首位,不违背我所推行的原则。

五百里甸服①:百里赋纳总②,二百里纳铚③,三百里纳秸服④,四百里粟,五百里米。五百里侯服⑤:百里采⑥,二百里男邦⑦,三百里诸侯⑧。五百里绥服⑨:三百里揆文教⑩,二百里奋武卫⑪。五百里要服⑫:三百里夷⑬,二百里蔡⑭。五百里荒服⑮:三百里蛮⑯,二百里流⑰。

【注释】

①甸服:指天子领地。甸,指王田。本文将大禹时代国都以外划分为五等,每一等四方各距离五百里,国都以外第一等为甸服。《国语·周语上》:"夫先王之制,邦内甸服,邦外侯服,侯卫宾服,夷蛮要服,戎狄荒服。"

②总,指全禾,意思是说把庄稼完整地交出去。

③纳铚(zhì):入贡禾穗。铚,农具,短镰。割下的庄稼要用短镰削下穗头,故以镰代称穗。

④秸(jiē)服:"服"疑衍文。《经典释文》引马融说:"秸,去其颖。"颖即禾茎的尖端芒毛,去掉颖即为谷实。

⑤侯服:在甸服之外五百里范围,为五服第二等,距王都一千里。

⑥采：有官、事诸义，这里指卿大夫邑地。

⑦男邦：蔡沈《书集传》说："男邦，男爵小国也。"比卿大夫等级稍高。

⑧诸侯：蔡沈说："诸侯之爵大国。"是比男更大的封国。

⑨绥服：侯服之外五百里，距王都一千五百里，取绥靖安抚之意。绥，安。

⑩揆文教：掌管文教事务的官员。揆，官，这里用作动词，管理。

⑪奋武卫：振兴武力，保卫王家。

⑫要服：绥服之外五百里，距王都两千里。

⑬夷：易，指移风易俗。

⑭蔡：散，指自由迁徙。

⑮荒服：要服以外五百里，距王都二千五百里，是最远的一服。取其地荒远、政教荒忽之义。

⑯蛮：与上"夷"对文，按照蛮夷之习对待。

⑰流：与上"蔡"对文，流放、散乱之义，即放任之意。

【译文】

　　规定王城以外的五百里称作甸服。距离国都一百里内的，要缴纳全禾，二百里内的要缴纳禾穗，三百里内的要缴纳去掉了秸芒的穗，四百里内的要缴纳谷粒，五百里内的要缴纳细米。甸服以外五百里范围称侯服。近百里以内为卿大夫邑地，二百里以内为男爵地，其余三百里地封诸侯。侯服以外五百里范围称绥服。其中三百里内地区要设立掌管文教的官来推行文教，外二百里地区要振兴武力，保卫王室。绥服以外五百里范围称为要服。其中三百里内地区要逐步改变风俗，外二百里地区则任其自由迁徙。要服以外五百里范围称荒服，其中三百里内地区要因俗治理，减省礼节，外二百里地区则放任自流。

　　东渐于海①，西被于流沙②，朔南暨③，声教讫于四海。禹锡玄圭④，告厥成功。

【注释】

①渐：浸入。

②被：及。流沙：古人心中西边最遥远之地。

③朔：北。暨：及也。

④玄圭：黑色的瑞玉。玄，黑色。

【译文】

东面到大海，西面达沙漠地带，从北方到南方，华夏的声威教化遍及四海九州。于是舜帝赏赐给禹玄圭，用以向普天之下宣布治水成功，天下大治。

甘誓①

大战于甘，乃召六卿②。

【注释】

①甘誓：夏王启与有扈氏在甘地作战前的誓师词，经后世史官记录而成此篇。甘地在今河南洛阳。誓，军事行动前告诫所有人员的戒辞。至于作战原因，孔颖达说起源于有扈氏不满"尧舜受禅，启独继父"，有一定道理。

②六卿：郑玄以为指六军的将领。古制，天子有六军。

【译文】

在甘地将要大战，夏王启召集六军的将领。

王曰①："嗟②！六事之人③，予誓告汝。有扈氏威侮五行④，怠弃三正⑤，天用剿绝其命⑥。今予惟共行天之罚⑦。左不攻于左⑧，汝不共命⑨；右不攻于右，汝不共命；御非其马之正⑩，汝不共命。用命⑪，赏于祖⑫；不用命，戮于社⑬。予则孥戮汝⑭。"

【注释】

①王：夏王启。

②嗟：叹词。

③六事之人：六卿及下属军官和士兵。

④有扈氏：即东夷部落的"九扈"。威侮：凌虐侮慢。五行：天上五星的运行，代表天象、天命。

⑤怠弃：怠惰荒废。三正：王朝大臣长官。正，官长。

⑥用：因此。剿：灭绝。

⑦惟：发语词。共：同"恭"，恭奉。

⑧左：郑玄说："左，车左。右，车右。"战国时代一辆战车上有兵士三人，左方主射，右方击刺，中间为驾车之人。攻：善、治。

⑨共命：即恭命。

⑩御：驾战车的士兵。正：治，技术。

⑪用：执行。

⑫祖：祖庙。

⑬戮：杀。社：神坛，神庙。

⑭孥戮，受刑辱。孥，同"奴"，奴隶。戮，惩罚。

【译文】

王说："啊！诸位将士，我发布誓词告诉你们，有扈氏违背天象，怠慢朝臣，上天因此要废弃他的享国大命。现在我奉行上天的意志去惩罚他们。所有战车左边的战士，要是不善于用箭杀敌人，就是不奉行命令；战车右边的战士，要是不善于用矛刺杀敌人，也是不奉行命令；驾驭战车的战士，要是不能掌握驭车技术，也是不奉行命令。奉行命令的，胜利后在祖庙里给予奖赏；不奉行命令的，我就把你们降成奴隶以表惩罚，或者在社坛里杀掉！"

五子之歌①

太康尸位②，以逸豫灭厥德③，黎民咸贰④。乃盘游无度⑤，畋于有洛之表⑥，十旬弗反⑦。有穷后羿因民弗忍⑧，距于河⑨。厥弟五人御其母以从⑩，徯于洛之汭⑪。五子咸怨，述大禹之戒以作歌⑫。

①五子之歌:相传夏朝开国君王夏启除子太康外,还有五个儿子,都是太康的兄弟。太康沉湎游乐,去洛南打猎时,被有穷国君羿阻挡在黄河北岸,不能回国。太康的五个兄弟苦等百日,不见太康,于是作《五子之歌》,表达了对太康不修德行而丧失帝位的指责和怨恨。本篇属梅赜《古文尚书》。

②太康:夏王启的儿子。尸位:主持其位而不谋其政。尸,主持。古代祭祀时,处在鬼神位置的叫尸。

③豫:乐。

④黎民:民众。咸:都。贰:背叛。

⑤盘:享乐。

⑥洛之表:洛水的南面。

⑦旬:十天为一旬。反:同"返",返回。

⑧有穷:古代国名,位于东方。后:君。羿(yì):有穷国的君主。因为善射,所以用帝喾时代神箭手羿的名字。

⑨距:抵御。

⑩御:侍奉。

⑪俟(xǐ):等候。汭(ruì):河流汇合或弯曲的地方。

⑫述:遵循。

【译文】

夏王太康身处尊位而不理政事,放纵享乐而丧失了国君的德行,老百姓都背叛了他。太康游玩寻乐,毫无节制,到洛水的南岸去打猎,连着一百天都不回国。有穷国的君王羿趁着夏朝民众对太康不满的时机,据守在黄河岸边阻挡太康返回。太康的五个兄弟侍奉他们的母亲跟随打猎,在洛河转弯流进黄河的地方等候太康。五个兄弟都怨恨太康,于是遵循大禹的训诫而作诗歌。

其一曰:"皇祖有训①:民可近②,不可下③。民惟邦本,本固邦宁。予视天下④,愚夫愚妇一能胜予⑤。一人三失⑥,怨岂在明⑦?

不见是图⑧。予临兆民⑨,懔乎若朽索之驭六马。为人上者,奈何不敬!"

【注释】

①皇祖:指夏王朝的建立者大禹,是太康及五子的祖父,启的父亲。皇,大。训:教导;训诫。

②近:亲近。

③下:因轻视而疏远。

④予:大禹自称。

⑤一:都。

⑥三失:多次犯错。

⑦明:彰显。

⑧见:显现。图:考虑。

⑨兆民:众民。《孔传》说:"十万曰亿,十亿曰兆,言多。"

【译文】

第一首歌说道:"伟大的祖先大禹有过如下训示:百姓只可以亲近,不可以疏远。百姓是国家的根本,根本坚固了国家才能安定。我观察天下,那些愚昧无知的丈夫和妇人,一人之力便可超过我。一个人犯下很多过错,难道非得等到明显表现出来的时候才去考虑民众的怨恨吗?应该在没显现时就多加考虑。面对天下民众,好比用腐朽的绳子驾驭着六匹马一样,令人戒惧。地位在老百姓之上的君王,为什么不谨慎呢?"

其二曰:"训有之:内作色荒①,外作禽荒②,甘酒嗜音③,峻宇雕墙④。有一于此,未或不亡⑤。"

【注释】

①作:兴。色:女色。荒:迷惑。

②禽荒:指沉湎于游猎。

③甘:爱好。嗜:爱好,不满足。

尚书

④雕:彩画;装饰。

⑤或:有。

【译文】

第二首歌说道:"大禹的训诫中有这样的话:在宫内迷恋女色之风,在外面沉湎于游猎,爱好美酒和音乐,住在高大的殿宇里,还要绘饰宫墙。这几种情况只要沾染上一种,没有不亡国的。"

其三曰:"惟彼陶唐①,有此冀方②。今失厥道③,乱其纪纲④,乃厎灭亡⑤。"

【注释】

①惟:发语词。陶唐:指帝尧。

②冀方:指古代冀州。

③道:途径;方法;措施。

④纪纲:法度。

⑤厎:致。

【译文】

第三首歌说道:"那个帝尧,占有冀州一带。如今太康丧失了尧的治国之道,把尧的法纪扰乱了,最终要导致灭亡。"

其四曰:"明明我祖①,万邦之君。有典有则②,贻厥子孙③。关石和钧④,王府则有。荒坠厥绪⑤,覆宗绝祀。"

【注释】

①明明:睿智,无比英明。我祖:指大禹。

②典:典章。则:法则。

③贻:遗留。

④关:门关之征。石:古代一百二十斤为一石,这里指赋税。和钧:谓赋税公平合理。

⑤荒:荒废。坠:失落。绪:前人的功业。

【译文】

第四首歌说道:"我们英明睿智的祖先大禹,是万国之君。他建立了有治国的典章和法度,留给他的子孙后代。关征赋税,合理而公允,百姓物资不缺,朝廷府库也很充实。现在太康荒废破坏了祖先留下的功业,覆灭了宗庙,断绝了祭祀。"

其五曰:"呜呼曷归①?予怀之悲。万姓仇予②,予将畴依③?郁陶乎予心④,颜厚有忸怩⑤。弗慎厥德,虽悔可追⑥?"

【注释】

①曷:何。

②万姓:天下百姓。仇:怨恨。

③畴:谁。

④郁陶:忧愁悲伤。

⑤颜厚:羞愧于色。忸怩:内心惭愧。

⑥追:补救。

【译文】

第五首歌说道:"哎呀,何处是我们的归宿?我们怀念家乡,感到悲伤。天下百姓都怨恨我们,我们能依靠谁呢?我内心忧愁,羞愧于色,后悔而内疚。平时不注重德行,现在虽然懊悔,哪里还有法子补救啊?"

胤征①

惟仲康肇位四海②,胤侯命掌六师③。羲和废厥职④,酒荒于厥邑⑤,胤后承王命徂征⑥。

【注释】

①胤(yìn)征:胤是夏方国名。胤侯作为夏王仲康的大臣,担任司马

之职。当时掌管天文历法的羲氏、和氏酗酒失职，胤侯就奉夏王之命前去征伐。本篇记载了胤侯征战前聚众誓师之词。《胤征》属梅赜《古文尚书》。

②仲康：夏启之子，太康之弟，太康死后继位。肇：开始。位：通"莅"，视察，治理。

③六师：军队的统称。

④羲和：羲氏、和氏是部落联盟中擅长天文历法的首领的名字，尧以前就掌管天文历法事务。

⑤酒荒：谓沉湎于酒，荒废正业。

⑥胤后：胤君，胤侯。徂：往。

【译文】

仲康开始治理天下的时候，胤侯受命掌管六军。羲氏、和氏荒废了他们的职务，在封地内酗酒荒乱。胤侯奉夏王仲康的命令，前往讨伐。

告于众曰:"嗟! 予有众。圣有谟训①,明征定保②。先王克谨天戒③,臣人克有常宪④。百官修辅⑤,厥后惟明明⑥。每岁孟春⑦,遒人以木铎徇于路⑧。官师相规⑨,工执艺事以谏⑩。其或不恭⑪,邦有常刑。

【注释】

①谟:计谋;谋略。训:训诫;教诲。

②征:验证。保:安。

③谨:恭敬。天戒:谓上天给予的警诫。

④常宪:常法。

⑤修:勤于职守。辅:辅佐。

⑥明明:非常贤明。

⑦孟春:春季的第一个月。

⑧遒(qiú)人:使臣,负责了解民情。木铎:一种铃,铃身是金属的,铃舌是木的。古代宣布教令时,宣令官会沿途摇动木铎,引起人们的注意。徇:通"巡",巡行。

⑨官师:谓众官。师,众。规:规谏。

⑩工:工匠。

⑪恭:规谏。

【译文】

胤侯向众将士宣誓说:"啊! 我的将士们。圣人有谋略,有训诫,都是已经被验证过可以安邦定国的。先王能恭敬于上天的告诫,臣民们能够遵守法制。百官勤劳职守,辅佐君王。这样,他们的君王才会十分贤明。每年初春,道人之官沿途摇铃巡行,宣布教令,官员们相互规劝,手工匠们也根据技术中包含的道理来劝谏。如果官员工匠们对君王的过错不能劝谏,将按照常刑给予惩罚。

"惟时羲和颠覆厥德,沉乱于酒①,畔官离次②,俶扰天纪③,遐弃厥司④。乃季秋月朔⑤,辰弗集于房⑥。瞽奏鼓⑦,啬夫驰⑧,庶人走⑨。羲和尸厥官⑩,罔闻知。昏迷于天象,以干先王之诛⑪。政典曰⑫:'先时者杀无赦⑬,不及时者杀无赦⑭。'"

【注释】

①沉:沉湎。乱:迷乱。

②畔:通"叛",违背。官:官守。次:职位。

③俶(chù):开始。扰:扰乱。天纪:岁、月、日、星、辰、历数等天象规律。

④遐:远。

⑤乃:于是。季秋月朔:季秋之月的初一日。

⑥辰弗集于房:指日月相会的位置发生异常,发生日食。辰,日月相会。房,房宿,指日月相会的星宿位置。

⑦瞽:这里指乐官。

⑧啬夫:小臣,掌管布币钱货。驰:奔走。

⑨庶人:承担役事的人。

⑩尸:主管;主持。

⑪干:犯,冒犯。诛:诛杀的刑律法典。

⑫政典:指先王的政治典籍。

⑬先时:早于正常时令节气。

⑭不及时:没赶上正常时令节气。

【译文】

"羲氏、和氏败坏了自己的德行,沉湎迷乱在饮酒中,混乱了政事,背离了职守。开始扰乱天时历法,背弃自己负责的职事。于是,九月初一这一天,日月运行失去常规而出现了日食。乐官击鼓,啬夫驰驱,庶人奔走,急切地救助太阳。羲氏、和氏无所事事地处在职位上,对此竟然毫无所知。他们对天象的变化不了解,触犯了先王制定的诛杀刑律。先王政典规定:'所定历法早于天时出现的,诛杀而不赦免;所定历法迟于天时出现的,诛杀而不赦免。'"

"今予以尔有众①,奉将天罚②。尔众士同力王室,尚弼予钦承天子威命③!火炎昆冈④,玉石俱焚;天吏逸德⑤,烈于猛火。歼厥

75

渠魁⑥,胁从罔治⑦;旧染污俗,咸与惟新⑧。

【注释】

①以:与。

②奉:尊奉。将:行。天罚:上天的惩罚。

③尚:庶几,表祈使语气。

④昆:山名,出产美玉。冈:山脊。

⑤天吏:掌管天文历法的官。逸德:恶行,过错。

⑥歼:消灭。渠:大。魁:魁首,指羲、和。

⑦胁从:被迫相从。

⑧与:许可。

【译文】

"现在我率领你们众多将士,奉行上天的惩罚。你们要为夏王朝同心协力,希望能够辅助我敬奉天子的惩罚命令!烈火燃烧昆仑的山冈,玉石俱焚;掌管天文历法官员的过错,危害比猛火还要大。要消灭那首恶羲、和,对胁从者不予治罪;对于过去染上污秽旧俗的人,也都要赦免并允许他们重新做人。

"呜呼!威克厥爱①,允济②;爱克厥威,允罔功。其尔众士,懋戒哉③!"

【注释】

①威:威罚。克:胜。爱:这里指姑息,行私惠。

②济:成功。

③戒:戒慎畏惧。蔡沈说:"誓师之末,而复嗟叹以是警之,欲其勉力戒惧而用命也。"

【译文】

"哎呀!如果威罚战胜姑息,那么事情一定能够成功;如果姑息战胜威罚,那么事情便不能成功。诸位将士,努力而慎重啊!"

商书

汤誓①

王曰②："格尔众庶③,悉听朕言。非台小子敢行称乱④,有夏多罪⑤,天命殛之⑥!

【注释】

①汤誓:商代开国君王汤讨伐夏桀作战前的誓师词。《史记·殷本纪》载:"夏桀为虐政淫荒,而诸侯昆吾氏为乱,汤乃兴师率诸侯,伊尹从汤,汤自把钺以伐昆吾,遂伐桀。……以告令师,作《汤誓》。"本篇的成书最迟不晚于战国早期。

②王:指商汤。

③格:告。众庶:大家,诸位。

④台(yí):我。小子:对自己的谦称。称:举,发动。

⑤有夏:即"夏","有"是助词。

⑥殛:诛灭;诛杀。

【译文】

王说:"警告你们诸位,都要听我的话。不是我大胆发动战争,实在因为夏王犯下的罪孽太重,上天命令我去诛灭他。

"今尔有众,汝曰:'我后不恤我众①,舍我穑事而割正夏②?'予惟闻汝众言③,夏氏有罪,予畏上帝,不敢不正。

【注释】

①后:君主,指汤。恤:体恤。

②舍:舍弃;放弃。穑(sè)事:代指农事。割:同"害","害"又通"曷",为什么。正:同"政",征伐。

③惟:同"虽"。

【译文】

"现在你们中或许有人会说:'我们的君王不体恤我们民众,把种庄稼的事都给舍弃了,而要去征伐夏朝呢?'我虽听了这些话,但夏王确实有罪,我畏惧天命的威严,不敢不去征伐。

"今汝其曰①:'夏罪其如台②?'夏王率遏众力③,率割夏邑④,有众率怠弗协⑤。曰:'时日曷丧⑥?予及汝皆亡!'夏德若兹⑦,今朕必往。

【注释】

①其:将。

②如台(yí):奈何;如何。台,疑问代词。

③率:通"聿",语首助词。遏:通"竭",竭尽。

④割:通"害",祸害。邑:都邑。

⑤有众:即"众",民众。怠:疲惫。协:和。

⑥时:是,这,指示代词。日:此处比喻夏王桀。曷:何时。

⑦兹:此。

【译文】

"现在你们将会问:'夏王的罪行究竟怎么样呢?'夏王耗尽民力,祸害于夏都,使广大百姓疲惫而不愿拥护。他们咒骂夏王说:'你这个太阳,什么时候消亡啊?让我们一起灭亡吧!'夏王的德行坏到这种程度,现在我必须前往征伐。

"尔尚辅予一人①,致天之罚②,予其大赉汝③。尔无不信,朕不食言④。尔不从誓言,予则孥戮汝⑤,罔有攸赦。"

①尚:庶几,袁祈使语气。予一人:君主自称。

②致:送,至。

③其:则,就。赉(lài):赏赐。

④食言:不讲信用。

⑤孥(nú)戮:受刑辱。孥,通"奴"。

【译文】

"倘若你们辅助我,完成上天对夏朝的惩罚,我将大大赏赐你们。你们不要不信,我决不食言。如果你们不服从我的誓言,我就让你们受刑辱,决不赦免一个!"

仲虺之诰①

成汤放桀于南巢②,惟有惭德③。曰:"予恐来世以台为口实④。"仲虺乃作诰。

【注释】

①仲虺(huǐ)之诰:本篇记录了商汤灭夏之后,放逐夏桀到了南巢,自惭自己的行为不如古代圣王,而使用武力夺取政权。大臣仲虺为此作了诰词,以商汤所为合于天命来加以宽慰。诰,告。《仲虺之诰》属晚出梅赜《古文尚书》。

②放:驱逐,流放。桀:夏桀。南巢:地名,大概在今安徽巢县一带。

③德:谓内心。惭:惭愧。

④来世:后世。口实:假托的理由;可以利用的借口。

【译文】

成汤灭了夏,把夏桀流放到了南巢,心里有些惭愧。说道:"我害怕后代把我的行为当作借口。"于是仲虺作了诰词。

曰:"呜呼!惟天生民有欲,无主乃乱;惟天生聪明时①。有夏昏德,民坠涂炭②,天乃锡王勇智③,表正万邦④,缵禹旧服⑤。兹率厥典⑥,奉若天命⑦。

【注释】

①时:是。乂:治。

②坠:陷落。

③锡:通"赐"。

④表正:表率。

⑤缵(zuǎn):继承、继续。服:行为。

⑥率:依循。典:常法;法度。

⑦奉:遵奉;遵照。

【译文】

仲虺说:"啊!民众天生就是有欲望的。如果没有了君王,社会就会混乱起来,只有天生聪慧通达之人才能治理民众。夏王桀乱德丧行,使百姓陷入水深火热当中,于是上天赐予大王您勇气和智慧,作为表率以端正万国,继承大禹过去的事业。您遵循着大禹的法典,就是承奉天命,没有什么可惭愧的。

"夏王有罪,矫诬上天①,以布命于下。帝用不臧②,式商受命③,用爽厥师④。简贤附势⑤,实繁有徒⑥。肇我邦于有夏,若苗之有莠⑦,若粟之有秕⑧。小大战战⑨,罔不惧于非辜⑩;矧予之德⑪,言足听闻⑫?

【注释】

①矫:假借。诬:欺骗。

②用:因此。臧:好,善。

③式:代替。

④爽:丧失。师:众。

⑤简:慢待。

⑥繁、徒：谓众多。

⑦莠(yǒu)：杂草。

⑧秕(bǐ)：不饱满的籽粒。

⑨战战：害怕得发抖。

⑩非辜：无罪。

⑪矧：何况。

⑫足：能够。

【译文】

"夏王桀有罪，假借上天旨意，发布命令欺骗民众。因此上天认为他是不善的，便让商人代受天命，使他丧失了民众。怠慢贤人，依附权势，这样的人确实不少。夏朝建立方国开始，我们商人就被看成是禾苗中的杂草、粟米中的秕壳。我们从上到下都恐惧不安，无不害怕无辜受罚。更何况我们商人的德行，说出来怎能不打动别人呢？

"惟王不迩声色①，不殖货利②。德懋懋官③，功懋懋赏。用人惟己，改过不吝④。克宽克仁⑤，彰信兆民⑥。乃葛伯仇饷⑦，初征自葛。东征西夷怨，南征北狄怨⑧，曰：'奚独后予⑨？'攸徂之民⑩，室家相庆⑪，曰：'徯予后⑫，后来其苏⑬。'民之戴商⑭，厥惟旧哉⑮！

【注释】

①迩：近。

②殖：聚敛。

③德懋懋官：德行深厚的就用官职来勉励。第一个懋指繁多，第二个懋指勉励。

④吝：吝惜。

⑤克：能够。

⑥彰：昭示。

⑦葛伯仇饷：葛国国君仇视给耕种的人送饭。葛，夏朝的属国，其地在今河南省宁陵县北。成汤伐夏，是从征伐葛伯开始的。仇，仇视。饷，

商

书

81

粮饷。

⑧东征西夷怨，南征北狄怨：《孟子·滕文公下》云："东面而征，西夷怨；南面而征，北狄怨，曰：'奚为后我？'民之望之，若大旱之望雨也。"

⑨奚：何。

⑩攸：所。徂：往。

⑪室家：泛指家庭或家庭中的人，如父母、兄弟、妻子等。

⑫徯：等待。后：君王，指成汤。

⑬苏：苏醒；复活。

⑭戴：拥戴。

⑮旧：久。

【译文】

"只有大王您不近歌舞美女，不以聚敛财货为利。用官职来鼓励德行深厚的人，用赏赐来勉励功高的人。采用别人的意见，就像出于自己的心一样，改正错误毫不吝惜。能够宽容仁爱，向天下百姓昭示诚信。葛伯仇视我们为他耕种送食，于是从葛国开始征伐。您征伐东方，西方的戎族就埋怨；征伐南方，北方的狄族就埋怨，都说：'为什么单独最后征伐我们呢？'所征之处，百姓举家欢庆，都说：'等待我们的君王，他来了我们就好了。'民众拥戴商王，已经很久了啊！

"佑贤辅德①，显忠遂良②；兼弱攻昧③，取乱侮亡④。推亡固存，邦乃其昌⑤。

【注释】

①佑：帮助。

②显：显扬。遂：进用。

③昧：愚昧；昏乱。

④侮：轻慢，怠慢。

⑤推亡固存，邦乃其昌：《孔传》说："有亡道则推而亡之，有存道则辅而固之，王者如此，国乃昌盛。"

【译文】

"帮助辅佐贤德的诸侯,彰显进用忠诚善良的诸侯;兼并弱小,攻打讨伐无道,攻占动乱的国家,怠慢亡国的君主。应该灭亡的就加速他的灭亡,可以存在的就帮助他巩固,这样国家才会昌盛。

"德日新,万邦惟怀①;志自满,九族乃离②。王懋昭大德,建中于民,以义制事,以礼制心,垂裕后昆③。予闻曰:'能自得师者王,谓人莫己若者亡。'好问则裕,自用则小。

【注释】

①怀:归向,归顺。

②九族:泛指各个氏族。

③垂:留传。裕:富饶,富足。后昆:后代。

【译文】

"对于德行要日日更新,天下四方都会来归顺;对于心志如果自满,各个民族就会背弃。大王努力彰显大德,在民众中建立中正之道,用正义来裁决事务,用礼法来约束心志,把光辉的业绩和声誉留给后代。我听说:'能够自寻贤者为师的,就会成为君王;认为别人都不如自己的人,就会灭亡。'谦虚好问,得益就多;独断专行,所得甚少。

"呜呼!慎厥终,惟其始。殖有礼①,覆昏暴②。钦崇天道③,永保天命。"

【注释】

①殖:培植,培养。

②覆:覆灭。

③钦:敬畏。崇:推崇,尊奉。

【译文】

"啊!谨慎地对待结果,就像谨慎地对待开始那样。上天从来都是扶植有礼法的君主，覆灭昏乱的暴君。要敬奉上天的旨意，才能永久保持福命。"

汤诰①

王归自克夏，至于亳②，诞告万方③。

【注释】

①汤诰：本篇记载了商王成汤灭夏后返回亳都，对四方官员百姓发表的诰词。《汤诰》属梅赜《古文尚书》。

②亳：汤的国都，故址在今河南商丘县北。

③诞：《集传》："诞，大也。"

【译文】

商王成汤灭夏后返回，到达首都亳邑，向天下四方大力宣告。

王曰："嗟！尔万方有众，明听予一人诰①。惟皇上帝②，降衷于下民③。若有恒性④，克绥厥猷惟后⑤。夏王灭德作威⑥，以敷虐于尔万方百姓⑦，尔万方百姓罹其凶害⑧，弗忍荼毒⑨，并告无辜于上下神祇。天道福善祸淫⑩，降灾于夏，以彰厥罪⑪。肆台小子将天命明威⑫，不敢赦。敢用玄牡⑬，敢昭告于上天神后⑭，请罪有夏⑮。聿求元圣⑯，与之戮力⑰，以与尔有众请命⑱。

【注释】

①予一人：商王汤自称。

②皇：大。

③衷：福。

④若：顺从。恒：常。

⑤绥：安稳。厥：其。猷：法则。后：君王。

⑥威：威罚，暴政。

⑦敷:施行。虐:暴政。

⑧罹:遭遇。

⑨荼毒:比喻毒害,残害。荼,一种苦菜。毒,螫人之虫。

⑩福:降福。祸:降下灾祸。淫:邪恶。

⑪彰:揭露;显示。

⑫肆:因此。台(yí)小子:汤王谦称。将:奉行。明威:指上天圣明威严的旨意。

⑬玄牡:用于祭祀的黑色公牛。牡,公牛。

⑭神后:土地神。

⑮罪:降罪、惩罚。

⑯聿(yù):遂。元圣:大圣人,当时是对伊尹的尊称。

⑰戮力:勉力。

⑱请命:请求保全生命或解除困苦。

【译文】

汤王说:"啊!你们四方将士们,要听清楚我的诰命。上帝降下福瑞给天下民众。顺从人的天性,只有君王能找到安定他们的办法。夏王桀丧失德行,制作威刑,对你们民众实行暴政。你们四方民众遭受他的迫害,不能忍受残害,都向天地神灵申诉自己的无辜。赐福给善良的人,降祸给邪恶的人是老天的原则。因此,给夏朝降下灾祸,就是要揭露夏桀的罪过。因此我奉行天命,公开惩罚夏桀,不敢赦免。我敬用黑色公牛祭祀,斗胆向皇天后土祈祷,请求惩治夏桀的罪恶。于是,求得大圣贤伊尹,和他共同努力,来为你们众人请命除恶。

"上天孚佑下民①,罪人黜伏②。天命弗僭③,贲若草木④,兆民允殖⑤。俾予一人辑宁尔邦家⑥,兹朕未知获戾于上下⑦,栗栗危惧⑧,若将陨于深渊⑨。凡我造邦⑩,无从匪彝⑪,无即慆淫⑫,各守尔典⑬,以承天休⑭。尔有善,朕弗敢蔽;罪当朕躬,弗敢自赦,惟简在上帝之心⑮。其尔万方有罪,在予一人;予一人有罪,无以尔万方⑯。

①孚:信。佑:保佑。

②罪人:指夏桀。黜伏:斥退;降服。

③僭(jiàn):差错。

④贲(bì):装饰,文饰。

⑤允:以此,因此。殖:滋生。

⑥俾:使。辑:和睦。宁:安定。

⑦兹:此。戾(lì):罪。上下:指天地神灵。

⑧粟粟:颤抖,形容恐惧。

⑨陨:坠落。

⑩造邦:蔡沈《书集传》:"夏命已黜,汤命维新,侯邦虽旧,悉与更始,故曰造邦。"

⑪无:通"毋"。匪:非。彝:法。

⑫即:就,靠近。慆(tāo)淫:怠惰纵乐。

⑬典:常法。

⑭休:美,指福佑。

⑮简:考察。

⑯以:用。

【译文】

"上天的确真心护佑天下民众,将罪人夏桀流放了。天命是不会有差错的,从此,天下繁荣如草木,民众因此也安居乐业。上帝使我来安宁你们的家国,我不知道这次伐桀是否有得罪天地神灵之处,我非常惧怕,好像要坠入深渊一样。凡是归顺我商朝的诸侯方国,不能违背法度,不要怠惰纵乐,要各自遵守法典,以承受上天赐予的福命。如果你们有善行,我不会隐瞒掩盖;如果我自己有罪过,也不敢自我赦免,因为上天都考察得很清楚。如果你们四方诸侯有罪过,由我一人承担;如果我有罪过,也不会连累你们四方诸侯。

"呜呼!尚克时忱①,乃亦有终。"

【注释】

①时:通"是",此。忱:忠诚。

【译文】

"啊!如果能真诚信赖,就会取得最后的胜利。"

伊训①

惟元祀十有二月乙丑②,伊尹祠于先王③,奉嗣王祗见厥祖④。侯甸群后咸在⑤,百官总己以听冢宰⑥。伊尹乃明言烈祖之成德⑦,以训于王⑧。

【注释】

①伊训:本篇是商之老臣伊尹以汤开国德业来训导刚继位的太甲的言辞。《伊训》属梅赜《古文尚书》。

②元祀:元年。蔡沈《书集传》说:"元祀者,太甲即位之元年。十二月者,商以建丑为正,故以十二月为正也。乙丑,日也。"

③伊尹:名挚,亦称"阿衡"。商朝宰臣。祠:祭祀。先王:商人一般称汤以前的王为先公,汤以后称先王,此处指商汤。

④奉:侍奉。嗣王:王位继承人。指太甲。祗:敬。

⑤侯甸群后:泛指天下四方诸侯。咸:都。在:《孔传》:"在位次。"

⑥总己:统领自己的属官。冢宰:周代为百官之长,这里指伊尹。冢,大。宰,治。

⑦烈祖:建立了功业的祖先,这里指成汤。成德:盛德。

⑧训:训诫。

【译文】

太甲元年十二月乙丑这一天,伊尹祭祀先王成汤,侍奉继承人太甲恭祀祖先神位。四方诸侯也一起陪同,参加祭祀,百官率领各自属官,听从伊尹号令。伊尹于是阐明成汤的盛德,以此来训诫太甲。

87

曰:"呜呼! 古有夏先后^①,方懋厥德^②,罔有天灾。山川鬼神,亦莫不宁,暨鸟兽鱼鳖咸若^③。于其子孙弗率^④,皇天降灾,假手于我有命^⑤,造攻自鸣条^⑥,朕哉自亳^⑦。惟我商王,布昭圣武^⑧,代虐以宽,兆民允怀^⑨。今王嗣厥德,罔不在初^⑩。立爱惟亲^⑪,立敬惟长,始于家邦,终于四海。

【注释】

①先后:先王,这里指夏禹。

②方:大。懋:勉力。

③若:这样。

④子孙:夏先王的子孙,指夏桀。率:遵循。

⑤假:凭借。有命:天命所归之人,指成汤。

⑥造:始。鸣条:地名,在今山西省夏县一带。

⑦哉:始。

⑧布:宣布。昭:昭著。

⑨允:信;相信。

⑩在:考察。初:即位之初。

⑪立:培植、树立。

【译文】

伊尹说:"啊! 古代夏的先王禹,努力施行德政,因而没有天灾。山川、鬼神和鸟兽鱼鳖都没有不安宁。到了他的子孙桀,不遵循禹的德政,上天降下了灾祸,借助我们商人,赐予天命,从鸣条开始发动讨伐,从亳邑开始实行德政。只有我商王成汤,展示出圣德和威武,暴政被用宽容取代,天下民众都归顺他。现在我王要继承成汤德政,要从开始就省检自己。树立友爱的风气要从亲近的人做起,树立恭敬的风气要从长者做起,从家族开始,最后到达天下四方。

"呜呼! 先王肇修人纪^①,从谏弗咈^②,先民时若^③;居上克明,为下克忠;与人不求备^④,检身若不及^⑤,以至于有万邦,兹惟艰哉!

①肇：开始。人纪：人伦纲纪，指人们应当遵守的纪律及道德规范。《孔传》说："言汤始修为人纲纪。"

②咈(fú)：违背，乖戾。

③先民：前贤。时：通"是"。若：顺从。

④与人：对待他人。备：完备。

⑤检身：检点自身。

【译文】

"啊！先王成汤开始建立为人伦纲纪，遵守谏正而不违背，顺从前贤遗训；居君位而能明察，臣民能够忠诚；对待他人不求全责备，对于自身则加以检点唯恐不及别人，因此才拥有了天下，这是艰难的事啊！

"敷求哲人①，俾辅于尔后嗣②，制官刑③，儆于有位④。曰：'敢有恒舞于宫、酗歌于室⑤，时谓巫风⑥。敢有殉于货色、恒于游畋⑦，时谓淫风⑧。敢有侮圣言、逆忠直、远耆德、比顽童⑨，时谓乱风。惟兹三风十愆⑩，卿士有一于身，家必丧；邦君有一于身，国必亡。臣下不匡⑪，其刑墨⑫。具训于蒙士⑬。'

【注释】

①敷：通"溥"，普遍，广泛。哲人：才德识见超常之人。

②俾：使。

③官刑：处理官吏的刑法。

④儆：警告，告诫。有位：在位之人。

⑤恒：常。酗歌：沉湎于饮酒歌舞。

⑥时：通"是"。巫风：蔡沈《书集传》说："巫风者，常歌常舞，若巫觋然也。"

⑦殉：追求，谋求。货：财物。色：女色。畋：田猎。

⑧淫：贪求，过度。

⑨逆：拒。远：疏远。耆(qí)德：老年有德之人。比：亲近，勾结。

顽:愚。

⑩三风十愆(qiān):《孔疏》云:"谓巫风二:舞也、歌也;淫风四:货也、色也、游也、畋也;与乱风四,为十愆也。"愆,过错。

⑪匡:匡正。

⑫墨:墨刑,在脸上刺字后涂上墨,为古代五刑之一。

⑬具:详细。蒙士:知识浅陋的下士。

【译文】

"汤王广泛寻找德才兼备之人,使你们这些后代被他们辅佐,制定管理官吏的刑法,以警告在位的官吏。他说:'胆敢在宫中沉迷饮酒歌舞,叫作巫风;胆敢贪求财物女色,沉溺游乐田猎的,叫作淫风;胆敢轻慢圣人之言,拒绝忠直劝谏,疏远年老有德之人,亲近无知无识之人,这叫作乱风。这三种风气、十种过错,卿、大夫、士如果沾上一种,家室必然会败坏;诸侯国君如果沾上一种,国家必然要灭亡。臣下如果不能匡正国君的过失,就处以墨刑。这些内容还要仔细教导知识浅陋的下士。'

"呜呼!嗣王祗厥身①,念哉②!圣谟洋洋③,嘉言孔彰④。惟上帝不常⑤,作善,降之百祥;作不善,降之百殃。尔惟德罔小,万邦惟庆;尔惟不德罔大,坠厥宗⑥。"

【注释】

①祗:恭敬;恭谨。

②念:记住。

③谟:谋。洋洋:美善的样子。

④嘉言:美好的言论。孔:甚;很。彰:彰明。

⑤不常:没有一定。

⑥坠:失去。宗:宗庙,代指社稷国家。

【译文】

"啊!继位之君要恭谨地要求自身,记住这些教训啊!圣人的谋略完善美好,传下来的美言也十分明白。上天赐予福命并没有一成不变的常规,赐各种吉祥给行善的;降各种灾祸给作恶的。你的德行无论多小,天下都会感到庆幸;你的恶行即使不大,也可能导致亡国。"

太甲上①

惟嗣王不惠于阿衡②,伊尹作书曰:"先王顾諟天之明命③,以承上下神祇、社稷宗庙罔不祇肃④。天监厥德⑤,用集大命⑥,抚绥万方⑦。惟尹躬克左右厥辟⑧,宅师⑨。肆嗣王丕承基绪⑩。惟尹躬先见于西邑夏⑪,自周有终⑫,相亦惟终⑬;其后嗣王罔克有终,相亦罔终。嗣王戒哉!祇尔厥辟⑭,辟不辟⑮,忝厥祖⑯。"

【注释】

①太甲:太甲是商代第五代王,成汤之孙。《史记·殷本纪》记载帝太甲即位三年,纵欲乱德,被伊尹放逐到了桐宫;后来悔过自新,被伊尹迎回国都,终于成为一代贤君。此三篇记录了伊尹流放太甲的经过以及伊尹对太甲的训导之词。《太甲》三篇属梅赜《古文尚书》。

②嗣王:继位之君,指商王太甲。惠:顺。阿衡:商代官名,指伊尹。

③先王:指成汤。顾:顾念。諟(shì):同"是"。明命:天命。

④祇肃:恭谨而严肃。

⑤监:视,看到。

⑥用:以。集:降下。

⑦绥:安抚。

⑧躬:亲自。左右:辅佐。厥:其。辟:君,指成汤。

⑨宅:安居。师:众,民众。

⑩肆:故;因此。丕:乃。基绪:基业。

⑪西邑夏:指夏王朝。

⑫自:用。周:忠信。有终:善终。

⑬相:辅政大臣。

⑭祇:恭敬。

⑮辟不辟:君王不像君王的样子。

⑯忝:辱,有愧于。

【译文】

继位的商王太甲不顺从伊尹,伊尹作书说:"先王成汤注重上天赐予的天命,因此承顺天地神灵,社稷宗庙,无不恭敬严肃。成汤的德政被上天看到后,才降下大命,让他安抚好天下四方。我伊尹能够亲身辅佐自己的君王,使民众安居乐业。因此,你才继承了先王的基业。我伊尹亲眼看到我们西方的夏王,自始至终坚守忠信而得善终,辅佐他的人也有善终;夏朝的后继君王桀却没有善终,辅佐之人也没有善终。我们后继之王要以此警戒啊! 对待自己的君位要恭敬,如果君王没有君王的样子,就会屈辱自己的祖先。"

王惟庸罔念闻①,伊尹乃言曰:"先王昧爽丕显②,坐以待旦。旁求俊彦③,启迪后人,无越厥命以自覆④。慎乃俭德,惟怀永图⑤。若虞机张⑥,往省括于度⑦,则释⑧。钦厥止⑨,率乃祖攸行⑩。惟朕以怿⑪,万世有辞⑫。"

【注释】

①王:指太甲。庸:常。念:顾念。

②昧爽:天快亮的时候。丕:乃。显:通"宪",思。

③旁:广。俊彦:才智特别出众的人。

④无:通"毋"。越:丢弃。命:天命。覆:覆亡。

⑤怀:思考。永:长久。图:图谋。

⑥虞机:《孔疏》说:"虞训度也。度机者,机有法度,以准望所射之物。"虞,虞人,古代掌管山林薮泽范围的官。机,指发射箭弩的机关。

⑦省(xǐng):检查;察看。括:箭末端扣弦的地方。度:适度。

⑧释:放。

⑨止:意向,目的。

⑩率:遵循。乃:你的。攸:所。

⑪朕:我。怿(yì):喜悦。

⑫辞:赞誉。

【译文】

商王太甲仍和平常一样,对伊尹的劝诫好像没听见一样,伊尹于是说:"先王成汤天不亮就起来思考问题,一直坐到天亮。他还广泛寻求才智出众的人,去开导后人,避免丧失自己的天命而覆亡。你要谨慎地恪行勤俭,思考长久之计。就像虞人射箭,弩机已张开,还要察准箭尾放在弓弦合适之处,然后再发射。做君王的要重视自己的志向,遵循你祖先的行为准则! 我会因此而高兴,你也将流芳百世。"

王未克变。伊尹曰:"兹乃不义①,习与性成②。予弗狎于弗顺③。营于桐宫④,密迩先王其训⑤,无俾世迷⑥。"

【注释】

①兹:此。乃:你的。

②习与性成:《孔传》说:"言习行不义,将成其性。"

③狎(xiá):轻忽;轻视。弗顺:不顺从义理的行为。

④营:营造。桐宫:离宫,传说是商汤墓地所在,在今河南偃师。

⑤密:亲密。迩:近。

⑥俾:使。世:终生。

【译文】

商王太甲不能改变自己的行为。伊尹说:"这就是你的不义了,习惯渐成本性。我不能忽视这种不顺从义理的行为。我要在汤王的墓地上营造行宫,好让你亲近先王的教训,不要使自己终生误入迷途。"

王徂桐宫①,居忧②,克终允德③。

【注释】

①徂:往。

②居忧:《孔疏》说:"居忧位谓服治丧礼也。"

③终:成。允德:《孔传》:"言能思念其祖,终其信德。"

【译文】

商王太甲前往桐宫,居忧服丧以反省自己,希望自己能听信德教。

太甲中

惟三祀十有二月朔①,伊尹以冕服奉嗣王归于亳②,作书曰:"民非后,罔克胥匡以生③;后非民,罔以辟四方。皇天眷佑有商,俾嗣王克终厥德,实万世无疆之休④!"

【注释】

①三祀:指太甲继位的第三年。有:又。朔:阴历的每月初一。

②冕服:天子所戴的礼帽礼服。奉:迎。嗣王:指太甲。

③胥(xū):相互。匡:正。

④休:美事。

【译文】

太甲放逐桐宫的第三年十二月初一,伊尹以君王的礼服礼帽,奉迎太甲返回亳都,作书说:"民众没有君王,就不能相互扶持生存下去;君王没有民众,也不能统治天下。上天佑护我们殷商,使您能成就美德,这实在是千秋万代的美事啊!"

王拜手稽首①,曰:"予小子不明于德②,自底不类③。欲败度④,纵败礼⑤,以速戾于厥躬⑥。天作孽,犹可违⑦;自作孽,不可逭⑧。既往背师保之训⑨,弗克于厥初;尚赖匡救之德,图惟厥终。"

【注释】

①王:指太甲。拜手稽首:跪拜叩头。

②予小子:太甲自己谦称。

尚
书

94

③辰:致。不类:不善,不好。《孔传》说:"类,善也。"

④败:败坏,破坏。度:法度。

⑤纵:放纵;放任。

⑥速:招致。戾:罪过。躬:自身。

⑦违:避免。

⑧逭(huàn):逃避。

⑨既往:以往。师保:官名。此指伊尹。

【译文】

商王太甲跪拜叩头,说:"我不懂为君之德,自己导致不善。贪欲败坏法度,放纵败坏礼仪,很快给自身招来罪过。老天降下的灾祸,还可以避开;自己造成的灾祸,就不可逃脱了。以往违背您的教训,不能反躬自责;现在还有赖于您匡正和补救的恩德,争取求个好的结局。"

伊尹拜手稽首,曰:"修厥身,允德协于下①,惟明后②。先王子惠困穷③,民服厥命,罔有不悦。并其有邦④,厥邻乃曰⑤:'徯我后⑥,后来无罚⑦。'王懋乃德⑧,视乃烈祖⑨,无时豫怠⑩。奉先思孝⑪,接下思恭,视远惟明⑫,听德惟聪。朕承王之休无斁⑬。"

【注释】

①允德:诚心诚意的实德。

②明后:英明的君主。

③先王:指成汤。子惠:慈爱。子,通"慈"。惠,仁爱。

④并:兼并。有邦:诸侯方国。

⑤厥:其。

⑥徯:等待。

⑦罚:惩罚。

⑧懋:努力。

⑨烈祖:指成汤以前建立功业的先公。

⑩无:通"毋"。时:时刻。豫:安乐。

⑪奉：遵奉。先：先祖、先王。思：念。

⑫惟：思。

⑬朕：我。承：承顺。休：美德。斁(yì)：厌弃。

【译文】

伊尹跪拜叩头，说："注重自身修养，用诚信的美德使臣民和谐，这才是英明的君王。先王成汤仁慈爱抚贫困民众，民众都乐于服从命令，没有不高兴的。兼并诸侯方国时，邻国的人这样说道：'等待我的君王成汤吧，他来了我们就不会遭罪了。'您也要向您的列祖列宗看齐，勤勉德行，不要有片刻安逸懈怠。遵奉先祖先王，要想着孝顺；接近臣下，常常想着谦虚。观察远方，要眼睛明亮；听从德言，要耳朵敏锐。如果您能做到这些，我将承受大王的美德，永不厌倦。"

太甲下

伊尹申诰于王曰①："呜呼！惟天无亲，克敬惟亲；民罔常怀②，怀于有仁；鬼神无常享，享于克诚。天位艰哉！

【注释】

①申：重复；再三。王：指太甲。

②怀：归向。

【译文】

伊尹再三告诫太甲说："啊！上天不会固定只亲近某人，他只亲近恭敬他的人；民众不会永远归顺某个王，只归顺有仁德的君主；鬼神也不会一直保佑某个人，他只是保佑虔诚的人。天命赋予的君位不容易坐啊！

"德惟治，否德乱。与治同道①，罔不兴；与乱同事②，罔不亡。终始慎厥与③，惟明明后④。

【注释】

①与治同道：指采用德治。

②与乱同事:指不用德政。

③与:行为。

④明明后:非常英明的君主。

【译文】

"只有实行德政,天下才能得到治理;不实行德政,天下就会大乱。采取与治理天下相同办法的,没有不兴盛的;采取和导致天下大乱相同的事,没有不灭亡的。开始和结束都谨慎对待这些行为,就是非常英明的君王。

"先王惟时懋敬厥德①,克配上帝②。今王嗣有令绪③,尚监兹哉④!

【注释】

①先王:指成汤。

②配:相配。

③王嗣:即"嗣王",继位之君,指太甲。令:善;美好。绪:功业;基业。

④监:借鉴;审察。兹:此。

【译文】

"先王成汤就是这样努力培养德行,才能和上天的要求相吻合。您现在继续享有这美好基业,希望也能注意这一点啊!

"若升高,必自下;若陟遐①,必自迩②。无轻民事③,惟难④;无安厥位,惟危。慎终于始。

【注释】

①陟:登,这里是行走的意思。遐:远。

②迩:近。

③无:通"毋"。民事:民力征役之事。

④惟：思。

【译文】

"就好像登高,必须从低处开始;如像去远方,必须从近处开始。不要轻视民力征役之事,要考虑到民之艰难;不要安居君位,要考虑到它的危险。谨慎对待结尾,要像谨慎对待开始那样。

"有言逆于汝心①,必求诸道;有言逊于汝志②,必求诸非道。

【注释】

①逆：违背;不合。

②逊：恭顺。

【译文】

"如果有些话违背了你的心愿,一定要仔细考量是否符合道义;如果有些话迎合了你的心愿,一定要从是非角度判断是否符合道义。

"呜呼!弗虑胡获①!弗为胡成!一人元良②,万邦以贞③。君罔以辩言乱旧政④,臣罔以宠利居成功⑤。邦其永孚于休⑥!"

【注释】

①虑：思考。胡：何。

②一人：指君王。元：大善、大贤。

③贞：正。

④辩言：诡辩之言。旧政：先王之成法。

⑤宠：恩宠。利：利禄。

⑥孚：信。

【译文】

"啊!不思考哪里来收获!不干事哪里来成就!君王非常贤良,四方也会纯正。君王不可用巧言诡辩来扰乱先王旧政,臣下不可靠恩宠利禄成就功名。这样的话,相信国家将永远美好。"

咸有一德①

伊尹既复政厥辟②,将告归③,乃陈戒于德④。

【注释】

①咸有一德:意思是君臣都有纯一之德。本篇讲的是太甲返回亳地后,伊尹把政权返还给他。伊尹因为已经年老,就请求退休,但又不太放心太甲,于是讲了一番劝勉的话。《咸有一德》属梅赜《古文尚书》。

②既:已。复:归还。辟:君。

③告:请求。归:返回;回。

④戒:告诫;劝诫。于:以。

【译文】

伊尹把政权归还给君王太甲后,将要告老还乡,于是以德义告诫太甲。

曰:"呜呼!天难谌①,命靡常②。常厥德,保厥位;厥德匪常,九有以亡③。夏王弗克庸德④,慢神虐民⑤,皇天弗保,监于万方⑥,启迪有命⑦,眷求一德⑧,俾作神主⑨。惟尹躬暨汤咸有一德⑩,克享天心⑪,受天明命,以有九有之师⑫,爰革夏正⑬。非天私我有商,惟天佑于一德;非商求于下民,惟民归于一德。德惟一,动罔不吉⑭;德二三⑮,动罔不凶。惟吉凶不僭⑯,在人;惟天降灾祥,在德。

【注释】

①谌(chén):相信。

②靡:无,不。

③九有:九州。

④夏王:夏桀。庸:用。

⑤慢:侮慢,轻慢。虐:残害。

⑥监:视。

⑦启迪:开导。有命:谓可以拥有并承受天命。

⑧眷求:殷切寻求。一德:纯一之德。

⑨俾:使。神主:主持天地神祇祭祀的人。

⑩躬:自身。

⑪享:顺合。

⑫师:众。

⑬爰:于是。革:更改。正:通"政"。

⑭罔:无。

⑮二三:反复不专一,驳杂。

⑯僭:差错。

【译文】

伊尹说:"唉!老天难以相信,天命不固定。要常行德政,才能保住君位;如果不能做到,天下就会因此覆亡。夏桀不能施行德政,轻慢神灵,残害民众,皇天便不再保佑他。考察天下,开导能享天命之人,并殷切寻求具备纯一之德的人,使他成为天地神祇的主祭者。只有我伊尹和汤王都具有纯一之德,能承顺上帝意旨,承受天命,因而能够拥有天下民众,取代了夏朝的统治。不是我们商朝被上天所偏爱,只是上天佑护纯德之人;不是天下民众请求归顺于商朝,而是民众归顺了纯一之德。德行如果纯粹专一,办事就没有不吉利的;德行如果反复不专一,办起事来无不凶险。吉凶不会有差错,问题在于人自身;上帝降灾降福,关键在于德行。

"今嗣王新服厥命①,惟新厥德;终始惟一,时乃日新②。任官惟贤材,左右惟其人。臣为上为德③,为下为民④;其难其慎⑤,惟和惟一⑥。德无常师⑦,主善为师⑧;善无常主⑨,协于克一⑩。俾万姓咸曰⑪:'大哉,王言!'又曰:'一哉,王心!'克绥先王之禄⑫,永底烝民之生⑬。

【注释】

①嗣王：后继的君主，指太甲。服：事，担任。厥：其。

②时：通"是"，代指德。

③为上：辅佐君王。为德：以德。

④为下：治理民事。

⑤其难其慎：蔡沈《书集传》说："臣职所系，其重如此，是必其难其慎。难者，难于任用；慎者，慎于听察，所以防小人也。"

⑥惟和惟一：《孔传》："群臣当和一心以事君政。"

⑦师：榜样。

⑧主善为师：《孔传》说："德非一方，以善为主乃可师。"

⑨主：准则。

⑩协于克一：《孔传》："言以合于能一为常德。"常德，即纯正之德。

⑪俾：使。万姓：万民。咸：皆。

⑫绥：安，保。先王：指成汤。禄：禄位天命。

⑬厎：止，到。烝（zhēng）民：众民，百姓。

【译文】

"现在大王您刚刚受命继承王位，应当更新自己的品德；要始终如一，坚持不懈，德行就会与日俱增。任用贤才当官员，用忠良之人作左右辅佐大臣。臣下侍奉君王要以德行，治理民政要能帮助民众。这是很难选择的，要谨慎考察处置，应当任用和谐专一之人。行德没有固定的模式，以善为法则的就可以作为榜样；行善也没有固定法则，关键在于能有纯一之德。天下民众都说：'伟大啊，君王的话！'又说：'纯一啊，君王的心！'这样才能保有先王成汤所给予的禄命，就能长久使民众得到安定的生活。

"呜呼！七世之庙，可以观德①；万夫之长，可以观政②。后非民罔使③，民非后罔事④。无自广以狭人⑤，匹夫匹妇不获自尽⑥，民主罔与成厥功⑦。"

商
书

【注释】

①七世之庙,可以观德:古代帝王立七庙,对世次渐远的先祖,要按照规定迁去神主,供奉到祭祀远祖的庙,如果是有德的帝王就不迁。

②万夫之长(zhǎng),可以观政:蔡沈《书集传》说:"天子居万民之上,必政教有以深服乎人,而后万民悦服,故曰:'万夫之长,可以观政。'"

③使:使唤;驱使;使用。

④事:侍奉。

⑤自广:自大。狭:小看;轻视。

⑥匹夫匹妇:指普通老百姓。自尽:尽自己的全力。

⑦民主:人主,君王。与:帮助。

【译文】

"啊,从七代祖先的宗庙能保持被供奉,可以观察到功德的深厚;从万民之主的君王的作为上,可以观察到政教情况。君王离开民众就无人可以役使,民众没有君王也无人侍奉。不要自大而轻视民众,普通百姓如果不竭尽全力,就没有人能够助君王成就大业。"

盘庚上①

盘庚迁于殷②,民不适有居③。率吁众感出矢言④。曰:"我王来⑤,既爱宅于兹⑥,重我民⑦,无尽刘⑧。不能胥匡以生⑨,卜稽曰其如台⑩?先王有服⑪,恪谨天命⑫,兹犹不常宁;不常厥邑⑬,于今五邦⑭。今不承于古⑮,罔知天之断命,矧曰其克从先王之烈⑯!若颠木之有由蘗⑰,天其永我命于兹新邑⑱,绍复先王之大业⑲,厎绥四方⑳。"

【注释】

①盘庚:《盘庚》三篇,记录了汤王盘庚在迁都时对臣民的三次讲话。《史记·殷本纪》载:"帝盘庚之时,殷已都河北,盘庚渡河南,复居成汤之故居,乃五迁,无定处。殷民咨胥皆怨,不欲徙。……乃遂涉河南,治亳,

行汤之政,然后百姓由宁,殷道复兴。"盘庚是成汤第十世孙,祖丁的儿子,继承其兄阳甲的帝位,成为殷商历史上第二十位君主。至于迁都的原因,很多学者认为是为了避免水患。

②殷:地名,即今安阳小屯殷墟。

③适:悦。有:语助词。居:都。

④率:用,犹,因此。吁:呼。感(qī):同"戚",指亲近的贵戚近臣。矢:陈述。

⑤我王:指盘庚。来:自奄地迁至于殷。

⑥爰:助词,无意义。宅:居住。兹:此,此处指殷。

⑦重:重视;看重。

⑧刘:杀害。

⑨胥:相。匡:救助。

⑩卜:占卜。稽:查考;核实。其如台(yí):将如何。

⑪服:事。

⑫恪:敬。谨:顺从。

⑬不常厥邑:倒装,即"厥邑不常"。邑,国都。

⑭五邦:五次迁都。

⑮承:继。

⑯矧(shěn):何况。

⑰颠:扑倒。由蘖(niè):倒断的树木重新生长出来的萌芽。由,生。蘖,伐木所断的地方再生萌芽。

⑱永:长久。

⑲绍:继续。

⑳厎:定。绥:安。

【译文】

盘庚迁都到殷地以后,臣民们不喜欢这个地方。于是他召唤了许多贵戚大臣,叫他们向民众转达意见,说道:"我们的君王来到这里,也是为了重视你们,让大家有一个安居的好地方,不让你们死在旧都。但一时还没有能在生活上互相帮助,就占了卜,卜辞说:'为什么会这样啊!'先王有老规矩,就是敬遵天命,因此他们不敢贪图安逸,老是赖在一个地方

商书

103

住,建国以来已迁徙过五次国都了。现在如果不继承先王的前例,那我们的天命难保不被上天断绝,怎么还能谈得上继续先王功业呢！就像倒断的树木可以发出新的枝芽一样,老天要把我们迁移到新都,是要让我们长久成长在这里,从此复兴先王的伟大功业,安定四方。"

盘庚敩于民由乃在位[1],以常旧服正法度[2]。曰:"无或敢伏小人之攸箴[3]!"王命众悉至于庭[4]。

【注释】

①敩(xiào):觉察。乃:于。在位:指责戚大臣。

②旧服:指先王的旧制。正:整顿。

③伏:隐匿。小人:平民。攸:所。箴:规诫。

④悉:全;都。

【译文】

盘庚察觉到了民众不愿迁移都是由于在位大臣的煽动,决定用先王的法制去整顿,就对他们说:"我规诫百姓的话谁也不准隐匿!"又命令了许多官员都到朝廷上来。

王若曰[1]:"格汝众[2],予告汝训汝[3],猷黜乃心[4],无傲从康[5]。

【注释】

①王若曰:王这样说,是殷周史臣记载王讲话时的开头用语。

②格:到;来。

③训:训诫;教诲。

④猷:计谋;谋划。黜:除去。乃:你们的。

⑤傲:傲慢。从:通"纵",放纵。康:安逸。

【译文】

王这样说:"我告诉你们,我不断告诫、训导你们,就是打算去掉你们的私心,不要傲慢放纵,追求享乐。

"古我先王亦惟图任旧人共政①。王播告之修②,不匿厥指③,王用丕钦④;罔有逸言⑤,民用丕变⑥。今汝聒聒⑦,起信险肤⑧,予弗知乃所讼⑨!

【注释】

①惟:思。图:谋划;犹言考虑。旧人:世袭做官的贵戚。共政:共理朝政。

②王:指先王。播:公布。修:施行。

③匿:隐瞒。厥:其,代指先王。指:旨。

④用:因此。丕:大。

⑤逸:错误;过失。

⑥变:移易;变化。

⑦聒(guō)聒:大嚷大叫,意不听正确意见,愚昧自用。

⑧起:兴,造。信:通"伸",申说。险:邪恶之言。肤:古"胪"字,传播。

⑨讼:争辩。

【译文】

"从前我们先王也是考虑大用世袭的贵戚,让他们共理朝政。先王向他们发布政令时,他们绝不敢隐瞒先王的旨意,所以先王很看重他们。他们又从不说惑乱众听的谬论,所以民众也能一心向善。现在你们愚昧地自以为是,编造许多邪恶的话加以传播,我真不明白你们究竟在争辩什么!

"非予自荒兹德①,惟汝含德②,不惕予一人③。予若观火④。予亦拙谋作乃逸⑤。

【注释】

①荒:废乱。兹德:任用"旧人"的传统。

②惟:同"乃",是,为。含:藏,怀。

③惕:通"施",给予。

④观火:热火。以热火比喻威严。观,通"爟(guàn)",热。

⑤拙:唐石经作"炪(zhuō)",烟盛而火光甚微,比喻见事不明。作:造成,酿成。逸:放纵。

【译文】

"丢弃任用世袭贵族的传统并不是我本意,只是因为你们隐藏善德,而不给予我支持。我本来威严洞明像烈火一样,但处在烟雾弥漫的情况下,一时见事不明,哪里想到酿成了你们的放纵!

"若网在纲①,有条而不紊。若农服田力穑②,乃亦有秋③。汝克黜乃心④,施实德于民⑤,至于婚友⑥,丕乃敢大言⑦,汝有积德。乃不畏戎毒于远迩⑧,惰农自安⑨,不昏作劳⑩,不服田亩,越其罔有黍稷⑪。

【注释】

①若网在纲:以纲比君,以网比臣。比喻臣民要听君主的命令。

②服田:在土地上劳作。服,从事。力穑(sè):努力耕作。穑,农业生产。

③乃:于是,这才。秋:秋收,丰收。

④克黜乃心:除去傲慢之心。

⑤德:恩惠。

⑥婚:指亲戚。友:朋友;同僚。

⑦丕乃:于是。

⑧乃:如果。戎:大。毒:害。

⑨惰:懒惰。安:安适;安逸。

⑩昏:通"暋(mǐn)",勤奋。

⑪越:于是。其:将。黍稷:农作物。

【译文】

"要像网一样结在纲上,才可有条理而不至于紊乱。要像农夫勤劳于耕作,才可得到好收成。你们若能除去傲慢放纵之心,把真正的恩惠给老百姓,以至于亲戚朋友,那样你们才敢大言不惭地说自己是积累了德行的。如果你们不怕远近百姓受到大的伤害,贪一时的安逸而懒于耕作,不肯辛劳勤勉于农事,那就不会有收获。

"汝不和吉言于百姓①,惟汝自生毒②,乃败祸奸宄③,以自灾于厥身。乃既先恶于民④,乃奉其恫⑤,汝悔身何及!相时憸民⑥,犹胥顾于箴言⑦,其发有逸口⑧,矧予制乃短长之命⑨!汝曷弗告朕而胥动以浮言⑩,恐沉于众⑪?若火之燎于原,不可向迩⑫,其犹可扑灭⑬。则惟汝众自作弗靖⑭,非予有咎!

【注释】

①和:宣布。吉言:好话。百姓:百官。

②自生毒:自己种下的祸根。

③乃:以致。败祸奸宄:恶迹败露而遭祸害。

④先恶:导恶,倡导做坏事。

⑤奉:承受。恫:痛苦。

⑥相:视,看。时:是,此。憸(xiān):散,小。

⑦犹:尚,还。胥:相。箴言:规诫的话。

⑧逸口:过言,错话。逸,过错。

⑨矧:况。制:掌握;控制。短长之命:生死之命。

⑩曷弗:何不。胥:相。浮言:没有根据的话。

⑪恐:恐吓。沉:黄式三《尚书启蒙》说通"扰",煽惑。

⑫向迩:靠近。

⑬其:将。

⑭惟:是。靖:善。

【译文】

"你们不把我的善言宣布给百姓,这是你们自取祸咎,导致恶行及身。民众做坏事是由你们带头引导的,自然由你们自己承受痛苦,懊悔也来不及!看这些小民还知道听从我所规诫的话,唯恐祸从口出,何况我又是操纵着你们的生杀之权,你们为什么反倒不畏惧呢?你们有话为何不先来告诉我,竟敢散播谣言盅惑人心,恐吓民众?要知道,即使你们那些话像野火一样,使人们无法靠近,但我终究会扑灭。因为那是你们咎由自取,不要怪我惩罚!

"迟任有言曰①:'人惟求旧②;器非求旧,惟新。'古我先王暨乃祖乃父胥及逸勤③,予敢动用非罚④?世选尔劳⑤,予不掩尔善。兹予大享于先王⑥,尔祖其从与享之⑦。作福、作灾,予亦不敢动用非德⑧。

【注释】

①迟任:古代贤人。

②惟:应该。旧:旧臣,世代为官的贵族。

③胥及逸勤:指当时君臣同心同德从事迁徙。胥,相。逸,通"肄",劳。

④敢:岂敢,不敢。语急省"不"字。动:动辄。非罚:指不合乎法度的惩罚。

⑤选:通"纂",继。劳:劳苦。

⑥大享:大祭祀。

⑦与:参与。

⑧非德:不合法度的赏赐或惩罚,此偏举一边。

【译文】

"古代贤人迟任曾经说:'用人应该专选旧臣;不像使用器具那样,不要旧的,只要新的。'从前先王和你们的祖先在从事迁徙上同心同德,我怎么敢对你们轻易加以处罚?你们若能世世继承先代的勤劳,我决不掩盖你们的美德。现在我大祭先王,你们的祖先也一起受祭,你们作善受福,作恶受灾都由先王和你们的祖先来处置,我也不敢擅用赏罚。

"予告汝于难①,若射之有志②。汝无侮老成人③,无弱孤有幼④;各长于厥居⑤,勉出乃力,听予一人之作猷⑥。

【注释】

①于:以。

②志:"志矢",练习用的箭。

③侮:欺侮。老成人:指年高德劭的贤人。

④弱孤:用作动词,欺凌,轻视。有幼:即"幼"。

⑤长:统率。

⑥作:为。猷:计谋;谋划。

【译文】

"我告诉你们,办事是困难的,就像射箭一样,要先用习射的箭练习。你们不准欺侮年高贤德之人,也不要欺凌幼弱,应该统率所属勤勉出力,听我的谋划。

"无有远迩①,用罪伐厥死②,用德彰厥善③。邦之臧④,惟汝众;邦之不臧,惟予一人有佚罚⑤。

【注释】

①远迩:指关系的亲疏。

②伐:惩处。

③彰:表彰。

④臧:善。

⑤佚罚:行使刑罚有疏漏。佚,过错。

【译文】

"不论亲疏远近,我会一样对待:用刑罚来惩处罪行,用爵赏来表彰善行。国家治理好了,是由于大家的功劳;要是治理不好,只是由于我一个人行使刑法有疏失。

"凡尔众,其惟致告①:自今至于后日,各共尔事②,齐乃位③,度乃口④。罚及尔身,弗可悔。"

【注释】

①致告:传达。

②共:供。

③齐:整,严肃认真。位:职事。

④度:通"杜",意即杜塞浮言之口。

【译文】

"你们这些人要把我的话广为传达:从今往后,各自勤勉供职,整饬职务,谨慎所言。否则,等惩罚你们的时候,都来不及后悔了。"

盘庚中

盘庚作①,惟涉河以民迁②,乃话民之弗率③,诞告用亶④。其有众咸造⑤,勿亵在王庭⑥。盘庚乃登进厥民⑦,曰:

【注释】

①作:继位。

②惟:谋划;打算。涉河以民迁:倒装,意思是把民众迁过黄河去。

③话:会合。率:遵循。

④亶:诚。

⑤其:那些。有众:指那些不从命迁居的人。咸:都,皆。造:至。

⑥亵:轻慢。

⑦登:升。进:走到前面来。

【译文】

盘庚继位后,决定率领民众渡过黄河。于是,召集了那些不愿迁都的臣民,准备诚恳地劝导他们。那些人都来到王庭,恭敬地等候着。盘庚召唤他们到面前,说道:

"明听朕言①,无荒失朕命②！呜呼！古我前后罔不惟民之承保③,后胥感鲜④,以不浮于天时⑤。殷降大虐⑥,先王不怀厥攸作⑦,视民利用迁⑧。汝曷弗念我古后之闻⑨？承汝俾汝⑩,惟喜康共⑪;非汝有咎⑫,比于罚⑬。予若吁怀兹新邑⑭,亦惟汝故,以丕从厥志⑮。"

【注释】

①明:勉力。

②荒失:轻忽,不重视。失,同"佚",轻忽。

③前后:先王。承保:拯救;保护。

④后:君王。胥:相。感:通"戚",惠爱。鲜:善。

⑤浮:同"拂",违背。

⑥殷:同"慇",痛。大虐:大灾害,旧说水患。

⑦怀:留恋。厥:其。攸:所。作:为。

⑧视:根据。

⑨曷:如何。古后:先王。闻:勤勉。

⑩承:顺。俾:保。

⑪康:安乐。共:同。

⑫咎:罪过。

⑬比:类。

⑭若:助词。吁:叫唤;呼喊。新邑:新的首都,在今安阳。

⑮从:顺从。

【译文】

"你们要认真听我的话,不要轻忽我的命令！哎呀！过去我们先王没有一个不是顾全民众的,先王那样惠爱人民,所以能够不违背天时。每当上天降下大灾,先王总是根据民众的利益迁徙,对于亲手缔造的宗庙都邑,他们一点不留恋。你们为什么不去想想先王为什么这么做呢？我也是为了保护大家,让大家得到安乐的生活,并不是像惩罚有罪的人那样对待你们！我也是为了你们自己的利益并且服从和满足大家广泛的心愿，才呼吁大家到那个新都去。"

"今予将试以汝迁①，安定厥邦。汝不忧朕心之攸困，乃咸大不宣乃心②，钦念以忧动予一人③。尔惟自鞠自苦④！若乘舟⑤，汝弗济⑥，臭厥载⑦。尔忧不属⑧，惟胥以沉⑨。不其或稽⑩，自怒曷瘳⑪？"

【注释】

①试：用。

②乃：却。宣：和顺。乃：你们的。

③钦念：敬思。忧：当作"扰"，不正确的话。

④鞠：困穷。

⑤乘：载。

⑥济：渡过。

⑦臭：朽败。载：指旅行所乘工具，这里指船。

⑧尔忧不属：应作"不属尔忧"，言不独你们沉没。忧：通"沉"，沉没。属：独。

⑨胥：皆，都。

⑩不其或稽：一点也不考虑到。

⑪瘳（chōu）：病愈，引申为好处。

【译文】

"现在我要把你们迁过去，以便安定我们国家。但是你们不能体会我的苦处，反而内心很不和顺，用不正确的话来动摇我的决定。你们这是自寻穷困，自取苦恼！就像乘船，你们上船后又不渡过河去，岂不是坐待船只朽败吗？如果这样，不但你们自己要淹死，连我们也要一起送命了。你们根本不考虑沉没的原因，只是一味怨恨，能得到什么好处？"

"汝不谋长，以思乃灾，汝诞劝忧①。今其有今罔后②，汝何生在上！③"

【注释】

①诞:大。劝:助。

②有今罔后:有今天,没有明天。意谓只顾现在,不顾将来。

③上:上苍,上天。

【译文】

"你们不做长远打算,来考虑不迁都的灾害,只劝我不必忧愁。这样只顾现在,不顾将来,上天怎会留给你们活命!"

"今予命汝,一无起秽以自臭①,恐人倚乃身②,迁乃心③。予迓续乃命于天④。予岂汝威⑤!用奉畜汝众⑥。"

【注释】

①一:皆,都。秽:脏东西。臭:嗅。

②倚:同"掎(jǐ)",偏邪,弯曲。

③迁:同"污",污秽。

④迓(yà):迎接。续:继续。

⑤汝威:"威汝"的倒置。威,以势凌人。

⑥用:以。奉:助。畜:养。

【译文】

"现在我命令你们,都不要散布谣言,自找麻烦,弄臭自己,以免你们的身心被恶人歪曲、污秽。我是要把你们的生命从上天那里迎接回来,哪里是用威势压迫你们呢!我是为了帮助、养育你们。"

"予念我先神后之劳尔先①,予丕克羞尔②,用怀尔③。然④。失于政,陈于兹⑤,高后丕乃崇降罪疾⑥;曰:'曷虐朕民!'汝万民乃不生生⑦,暨予一人猷同心⑧,先后丕降与汝罪疾,曰:'曷不暨朕幼孙有比⑨!'故有爽德⑩。'自上其罚汝,汝罔能迪⑪。"

【注释】

①先神后:即先王。神,神圣,用以表示崇敬。劳:动。尔先:你们的祖先。

②丕:大。羞:养。

③怀:思念;记挂。

④然:犹焉,代词,指群臣的祖先。

⑤陈:久。兹:这,代指旧都。

⑥高后:先王。丕乃:于是。丕,语气词。乃,若,如果。崇:重。

⑦生生:尽力搞好谋生之事。上一生字用作动词,下一生字是名词。

⑧暨:与。猷:谋。

⑨朕:指先王。幼孙:盘庚称自己为先王的幼孙。比:同。

⑩故:却。爽:贰,差错。

⑪自上:先王在天之灵。其:将。迪:逃。

【译文】

"我想起我们的先王曾役使过你们的先人,我要好好养育你们,时刻记挂你们。是这样的啊!到现在还住在这有灾难的地方,是因为我没处理好,于是先王就重重地降下责罚,说道:'为何虐待我的民众?'若是你们大家不肯和我同心同德,去努力追求美好的生活,先王便要重重地惩罚你们,说道:'你们为什么不和我的幼孙同心协力,却对他存有二心呢!'所以你们一旦犯错,先王在天之灵就重重惩罚你们,你们也根本没办法逃避。"

"古我先后既劳乃祖乃父,汝共作我畜民①。汝有戕则在乃心②,我先后绥乃祖乃父③;乃祖乃父乃断弃汝,不救乃死!兹予有乱政同位④,具乃贝玉⑤。乃祖乃父丕乃告我高后曰⑥:'作丕刑于朕孙⑦!'迪高后丕乃崇降弗祥⑧!"

【注释】

①共作:都作为。畜:曾运乾说:"畜谓顺于德政也"。

②戕(qiāng):贼害,此处谓恶毒的念头。则:通"贼",贼害。

③绥:停止。

④乱政:乱政之人。同位:在位。

⑤具:具备,供置。贝玉:泛指钱物。贝,商代多用贝壳作为货币。

⑥高后:辈分较老的先王。

⑦丕刑:大刑。

⑧迪:句首助词,无意义。丕乃:于是。崇:重。弗祥:不祥之灾。

【译文】

"从前我们的先王已经役使过你们的先祖先父,你们当然都是顺从我德政的臣民。倘使你们心中存有恶毒的念头,我的先王一定会撤除你们的先祖先父们在天上所供奉的职役;你们的先祖先父也必随之弃绝你们,不把你们从死罪中救出来。现在你们在位官员中有乱政的人,只知道聚敛财宝。你们的先祖先父于是竭力请求先王说:'快用大刑给我们的子孙吧!'于是先王就把不祥降给你们。"

"呜呼!今予告汝不易①!永敬大恤②,无胥绝远③!汝分猷念以相从④,各设中于乃心⑤!乃有不吉不迪⑥,颠越不恭⑦,暂遇奸宄⑧,我乃劓殄灭之⑨,无遗育⑩,无俾易种于兹新邑⑪!"

【注释】

①不易:迁都的计划不会改变。

②敬:重视。恤:忧。

③胥:相。绝远:很远,引申为疏远。

④分(fèn):本分,应当如此的意思。猷念:即"念",心中的打算。

⑤设:合。

⑥乃:若。吉:善。迪:道。

⑦颠越:高低、横竖。颠,自上往下坠。越,向上逾越。

⑧暂:通"渐",诈欺。遇:同"愚"或"偶",奸邪。

⑨劓:割鼻的刑罚。

⑩育：通"胄"，后代。

⑪易：施；延。

【译文】

"哎呀！现在我告诉你们，迁都计划决不改变。你们应当体恤我的忧虑，不要漠然。你们应当把自己的心态摆正，跟我一同打算！如果有人横竖也不肯听命，奸诈邪恶，为非作歹，我就要把他杀掉，斩草除根，他们的孽种一个都不能遗留在新都之中。"

"往哉，生生①！今予将试以汝迁，永建乃家②。"

【注释】

①生生：自营其生。

②建：立。

【译文】

"去吧！好好地去生活吧！现在我要把你们迁过去了，在新都重建你们的家园。"

盘庚下

盘庚既迁①，奠厥攸居②。乃正厥位③，绥爰有众④。曰：

【注释】

①既：已。

②奠：定。

③正：辨正。相传古时建立宗庙宫室，先由天官辨正其方位。

④绥：告。爰：于。有众：即"众"，众人。

【译文】

盘庚迁到新都之后，安排好臣民的住所，确定宗庙宫室的方位，告诫众官员说：

"无戏怠①,懋建大命②！今予其敷心腹肾肠③,历告尔百姓④:于朕志⑤,罔罪尔众;尔无共怒⑥,协比谗言予一人⑦。

【注释】

①怠:同"怡",逸乐。

②大命:受自上天的民命、国命等。

③其:将。敷心腹肾肠:真心诚意地讲话。敷,公布。

④历:数。百姓:百官族姓。

⑤于朕志:在我心里。

⑥共:共同;一起。

⑦协比:勾结在一起。

【译文】

"不要贪图享乐,要努力完成重建家园的天命。现在我披肝沥胆和你们百官讲心里话,在我的心里,已经不责怪你们了,你们也不要心怀不满,勾结在一起讲我的坏话。

"古我先王将多于前功①,适于山用降我凶②,德嘉绩于朕邦③。

【注释】

①先王:指盘庚前代曾经迁都的君主。将:意欲。多:同"侈",光大。

②适于山:迁往山地。

③德:当作"循",遵循。嘉:美好。

【译文】

"从前我们先王要发扬光大前人的功业,为了避免灾害把百姓迁到高地,在都邑里遵循维系着前代业绩。

"今我民用荡析离居①,罔有定极②。尔谓朕:'曷震动万民以迁?'肆上帝将复我高祖之德③,乱越我家④,朕及笃敬恭承民命⑤,用永地于新邑⑥。

【注释】

①今:当今,指未迁都之前。用:则。荡:为水所流荡。析:愤慨。

②极:尽头。

③肆上帝:老天爷。高祖:年辈较早的先王。德:德业。

④乱:治。越:于。

⑤及:同"汲",努力进取的样子。笃:忠诚;厚道。承:通,"拯",拯救。

⑥地:安居其地。

【译文】

"现在,我们却遭受了洪水流荡肆虐之苦,没有尽头。你们反倒问我:'为什么要惊动万民来迁都啊!'这是因为上天要恢复我们祖宗的业绩,把我们的国家治理好,我虔诚地敬奉上帝旨意来拯救民命,永远安居在这新的都邑里。

"肆予冲人①,非废厥谋,吊由灵各②;非敢违卜③,用宏兹贲④。

【注释】

①肆:发语词,无义。冲人:指年幼的人。冲,年幼。

②吊:古"淑"字,善。灵各:即"灵格",专门负责占卜的人。

③违卜:上篇中群臣根据卜兆反对迁都,这里说"非敢违卜",却又迁都了,是因为第二次又改用了神龟占卜,得出迁都吉利的卦象,所以盘庚才执意要迁。

④宏:宏大。贲(bì):美。

【译文】

"年幼的我不是不理会大家的意见,而是我们迁居的好处是由神灵暗示的;我不敢违背占卜,我确实要发扬这美好的事业。

"呜呼!邦伯、师长、百执事之人①,尚皆隐哉②!予其懋简相尔③,念敬我众④。朕不肩好货⑤,敢恭生生⑥,鞠人谋人之保居叙钦^⑦。今我既羞告尔^⑧,于朕志若否^⑨,罔有弗钦^⑩。无总于货宝^⑪,生生自庸^⑫。式敷民德^⑬,永肩一心^⑭。"

【注释】

①邦伯:也叫方伯,指四方诸侯。师长:公卿大臣。百执事之人:王朝的各官吏。

②尚:心中所希望。隐:依,依靠占卜的灵验。

③其:将。简:选择。相:考察。

④敬:敬重。

⑤肩:任用。

⑥恭:举用。生生:从事营生之事。

⑦鞠:养。保:安。叙钦:铨叙,进用。

⑧羞:进献。

⑨若:顺。

⑩弗:不。钦:敬。

⑪总:积聚。

⑫庸:功劳。

⑬式:发语词,无义。敷:散布。德:惠。

⑭肩:能够。

【译文】

"啊!各方国的诸侯、大臣及王朝各级官吏们,希望你们依从占卜。我将要严肃考察你们,看谁能重视我的民众。我不任用聚敛财富、孜孜于一己家业的人,只会尊敬、任用那些能养育民众和为民众谋安居的人。现在我既已宣布此意,无论你们同意与否,都不得不遵从。你们不要积聚财富,要谋求功业。要使老百姓得到实惠,永远能够与民众同心。"

说命上^①

王宅忧^②,亮阴三祀^③。既免丧^④,其惟弗言^⑤。群臣咸谏于王,

商书

曰:"呜呼!知之曰明哲⑥,明哲实作则⑦。天子惟君万邦⑧,百官承式⑨。王言惟作命⑩,不言,臣下罔攸禀令⑪。"

【注释】

①说命:《说命》三篇是殷高宗武丁任用傅说为相的命辞,其中也记述了傅说对武丁的进谏之言。《史记·殷本纪》载:"帝武丁即位,思复兴殷,而未得其佐。三年不言,政事决定于冢宰,以观国风。武丁夜梦得圣人,名曰说。以梦所见视群臣百吏,皆非也。于是乃使百工营求之野。得说于傅险中。是时说为胥靡,筑于傅险。见于武丁,武丁曰是也。得而与之语,果圣人,举以为相,殷国大治。故遂以傅险姓之,号曰傅说。"《说命》三篇属梅赜《古文尚书》。

②王:商王高宗武丁。宅忧:居守父丧。

③亮阴:又作"谅阴"、"谅暗",沉默不言。这里指武丁三年不理朝政。

④免丧:守孝期满,免除丧服。

⑤其:指武丁。弗言:不说话,意谓不亲理朝政。

⑥明哲:明智;洞察事理。

⑦则:法则。

⑧君:统治。

⑨承:遵奉。式:法令。

⑩命:命令。

⑪罔攸禀令:无法按照法规行事。

【译文】

殷高宗武丁为父守丧,三年不理朝政。服丧已满,他仍然没有亲政。众大臣都向武丁进谏说:"啊!通晓事理就叫作明智,明智的人就能制定法则。天子统治天下,百官遵奉法令。君王的话就是命令,君王不说话,臣下将不能按照命令行事了。"

王庸作书以诰曰①:"以台正于四方②,惟恐德弗类③,兹故弗言。恭默思道,梦帝赍予良弼④,其代予言⑤。"乃审厥象⑥,俾以形旁求于天下⑦。说筑傅岩之野⑧,惟肖⑨。爰立作相⑩,王置诸其左右。

【注释】

①庸:于是。

②台(yí):我,武丁自称。

③类:善。

④赍:赐予。良弼:贤佐。

⑤其:将。

⑥象:形象。

⑦旁求:广求。

⑧说:人名,指傅说。筑:捣土使之坚实。傅岩:地名。

⑨肖:相像,相似。

⑩爰:于是。立:推举。

【译文】

武丁因此作书告诫臣下说:"以我来作为天下表率,恐怕我的德行不够好,所以我不说话。我只是恭敬地默默思考治国之道,后来梦见了上天把贤良辅臣赐予我,他将代替我说话。"于是仔细地回忆了梦中贤辅的样子,派人广为寻求。傅说在傅岩之野建筑城墙,和武丁梦中的贤辅非常像。于是推举他做了宰相,武丁把他安置在自己身边。

命之曰①:"朝夕纳海②,以辅台德③。若金④,用汝作砺⑤;若济巨川⑥,用汝作舟楫⑦;若岁大旱,用汝作霖雨⑧。启乃心⑨,沃朕心⑩。若药弗瞑眩⑪,厥疾弗瘳⑫;若跣弗视地⑬,厥足用伤。惟暨乃僚⑭,罔不同心,以匡乃辟⑮,俾率先王⑯,迪我高后⑰,以康兆民⑱。

【注释】

①命,任命官吏时发布的政令。

②纳诲:进谏。

③台:我,武丁自称。

④金:金属,这里指铁器。

⑤砺:磨石。

⑥济:渡过。

⑦舟楫:船和桨。

⑧霖雨:连绵的大雨。

⑨启:开。乃:你的,指傅说。

⑩沃:滋润;灌溉。

⑪瞑(mián)眩:头昏眼花。《孔疏》说:"瞑眩者,令人愤闷之意也。"

⑫瘳:病愈。

⑬跣(xiǎn):赤脚。

⑭僚:下属。

⑮匡:纠正。辟:君王。

⑯俾(bǐ):使。先王:武丁以前的商代贤王。

⑰迪:蹈,顺着。高后:商人称成汤。

⑱康:安乐。兆民:指天下民众。

【译文】

武丁命令傅说说:"要早晚向我进谏良言,辅助我行德政! 好比是金属,用你作磨石;如果要渡过大河,用你作船、桨;又如大旱之年,用你来作甘霖。敞开你的心扉,灌溉我的心田! 如果吃了药不感到头昏眼花,这病是治不好的;如果赤脚走路不看路面,这脚就会受伤。与你的下属官员一起,同心同德匡正你君王的错误,使我遵循先王教导之道,继承高祖成汤所开拓的基业,使天下民众得以安居乐业。

"呜呼! 钦予时命①,其惟有终②。"

【注释】

①时:通"是"。

②其:表希望语气。终:成就。

【译文】

"啊! 要恭奉我的命令,希望能有所成就。"

说复于王曰①:"惟木从绳则正②,后从谏则圣③。后克圣,臣不命其承④,畴敢不祗若王之休命⑤?"

【注释】

①复:回复;回答。

②绳:绳墨,木工用以取直的工具。正:直。

③后:君王。

④不命其承:《孔传》说:"君能受谏,则臣不待命,其承意而谏之。"承,奉。

⑤畴:谁。祗:恭敬。若:顺。

【译文】

傅说回答武丁说:"木料只有按照绳墨才能取正,君王能够纳谏才称得上圣明。君王能够圣明,臣下不必等待君王命令就会随时承意进谏,谁敢不恭敬顺从君王英明的命令呢?"

说命中

惟说命总百官①,乃进于王②,曰:"呜呼! 明王奉若天道③,建邦设都,树后王君公④,承以大夫师长⑤。不惟逸豫⑥,惟以乱民⑦。惟天聪明,惟圣时宪⑧,惟臣钦若,惟民从乂⑨。惟口起羞⑩,惟甲胄起戎⑪,惟衣裳在笥⑫,惟干戈省厥躬⑬,王惟戒兹⑭! 允兹克明,乃罔不休⑮。

【注释】

①说:傅说。命:受命。总:统率。

②进:进谏。王:商王武丁。

③奉:承。

④树:立。后王:指天子。君公:指诸侯。

⑤承:佐。大夫:卿大夫。师长:众官员。

⑥惟:思。逸豫:安逸享乐。

⑦乱:治理。

⑧圣:圣王、君主,指武丁。宪:效法;模仿。

⑨从:顺从。乂:治理。

⑩惟口起羞:《孔疏》说:"言王者法天施化,其举止不可不慎,惟口出令,不善以起羞辱。"起,招惹。羞,耻辱。

⑪甲胄:铠甲、头盔。戎:兵戎之事。

⑫衣裳:这里指官服,代指奖赐官员。笥:一种放表裳的方形竹器。

⑬惟干戈省厥躬:蔡沈《书集传》说:"干戈,所以讨有罪,必严于省躬者,戒其有所轻动。"干,盾牌。戈,刀刃横置,用于横击和钩割的兵器。省,察。躬,自身。

⑭兹:这些。

⑮乃:则。休:美。

【译文】

傅说受命总领百官,于是向武丁进言:"啊!明智的君王承顺天道,建立国家,设立都城,立天子、封诸侯,佐以大夫众官员,不贪图安逸享乐,只想着治理民众。上天明智聪明,君王以此作为效法,臣下们也敬顺,民众才会得到治理。要谨慎于言语号令,否则会招来耻辱;不可轻易动武,否则将招致战祸;官服收在竹箱里,要谨慎赐予,不可授非其人;干戈是讨伐有罪的兵器,使用时要反省察看。君王一定要戒备这些啊!如此便能达到圣明,没有什么不会好起来。

"惟治乱在庶官①。官不及私昵②,惟其能;爵罔及恶德③,惟其贤。虑善以动,动惟厥时。有其善④,丧厥善;矜其能⑤,丧厥功,惟事事⑥,乃其有备,有备无患。无启宠纳侮⑦,无耻过作非⑧。惟厥攸居⑨,政事惟醇⑩。

【注释】

①乱:混乱。庶:众。

②及:涉及。昵:亲昵。

③爵:官位爵禄。

④有:自以为有。

⑤矜:自夸。

⑥事事:任何一件事。

⑦启:开启。宠:宠幸,宠爱。纳:受,收进。

⑧耻过:羞于承认过错。

⑨居:行为举止。

⑩醇:醇美。

【译文】

"国家得到治理还是造成混乱,在于百官。官职授予不要掺杂进亲昵关系,要考虑能力;爵位不可赐予德行不良之人,要考虑是否贤明。措施一定要考虑成熟才可付诸行动,行动要选择好时机。自己满足已有的善德,就会丢失善德;自己夸耀自己的能力,就会丧失功绩。做任何事情,都应当有所准备,有备无患。不要开启宠信之门而受到小人的侮辱,不要为犯下过错感到羞耻而文过饰非。如果行为能做到上面那样,政事就会非常完美。

"黩于祭祀①,时谓弗钦②;礼烦则乱,事神则难③。"

【注释】

①黩(dú):轻慢不敬。

②时:通"是"。弗钦:不敬。

③礼烦则乱,事神则难:蔡沈《书集传》说:"礼不欲烦,烦则扰乱,皆非所以交鬼神之道也。"

商
书

"轻慢祭祀,这叫不敬;祭祀过于烦琐就会混乱,侍奉鬼神就很困难了。"

王曰:"旨哉①,说!乃言惟服②。乃不良于言③,予罔闻于行④。"

【注释】

①旨:美。

②服:信服。

③良:善。

④罔闻:听不到。

【译文】

王说:"好啊,傅说!你的话都很令人信服。如果你不善于进谏,我就不能听到这些话并付诸实施了。"

说拜稽首,曰:"非知之艰,行之惟艰。王忱不艰①,允协于先王成德②。惟说不言,有厥咎③。"

【注释】

①忱:诚、信。

②允:信。协:合。成德:盛德。

③咎:过错;罪过。

【译文】

傅说跪拜叩头,说:"懂得道理不难,付诸行动才困难。大王如果诚心诚意就没有困难,能够完全符合先王的盛德。如果我傅说不进言,那才是我的过错。"

说命下

王曰:"来!汝说。台小子旧学于甘盘①,既乃遁于荒野②,入宅于河③,自河徂亳④,暨厥终罔显⑤。尔惟训于朕志⑥,若作酒醴⑦,尔惟麹蘖⑧;若作和羹⑨,尔惟盐梅。尔交修予⑩,罔予弃⑪;予惟克迈乃训⑫。"

【注释】

①台小子:即"予小子",商王武丁自称。旧:过去。甘盘:武丁时的贤臣。

②遁:逃避。

③宅:居。

④徂:往。亳:商代都城。

⑤暨:至。终:始终。

⑥训:训导;教导。

⑦醴:甜酒。

⑧麹(qū)蘖(niè):酿酒时所用的发酵物,主要用某种霉菌和大麦、大豆、麸皮等制成。

⑨和羹:调和了各种味道的汤。

⑩交:多方面。修:修治;教导。

⑪罔予弃:即"罔弃予",宾语前置。

⑫迈:行,做。

【译文】

商王武丁说:"来啊! 傅说! 我过去曾向甘盘这位贤臣学习,不久就隐退到郊野之外,居住在黄河边,后来又从黄河边前往亳邑,始终都没有明显的进步。你教导我立志,如同制作甜酒,你就是发酵用的酒曲;如此调制美味的汤,你就是盐和梅。你多方面教导我,不抛弃我,我一定能按你教导的去做。"

说曰:"王! 人求多闻,时惟建事①。学于古训②,乃有获③。事不师古④,以克永世⑤,匪说攸闻⑥。惟学逊志⑦,务时敏⑧,厥修乃来。允怀于兹⑨,道积于厥躬⑩。惟敩学半⑪,念终始典于学⑫,厥德修罔觉⑬。监于先王成宪⑭,其永无愆⑮。惟说式克钦承⑯,旁招俊乂⑰,列于庶位⑱。"

【注释】

①时:通"是"。

②古训:前代圣王的训导。

③乃:才。

④师:效法。

⑤永世:长久。

⑥匪:非。

⑦逊:谦逊。

⑧敏:敏捷。

⑨怀:念。兹:此。

⑩躬:自身。

⑪教学半:《孔传》说:"教然后知所困,是学之半。"

⑫典:从事。

⑬罔觉:不知不觉。

⑭监:通"鉴",借鉴。成宪:成法。

⑮愆(qiān):过失。

⑯式:因此。承:承顺。

⑰旁:广泛;普遍。

⑱位:官职。

【译文】

傅说说:"大王!人人都追求博学多识,是想成就一番事业。学习古代圣贤的教导才有收获;做事不效法古代圣贤而能长治久安的,我耳所未闻。只有通过学习,谦逊心志,时刻努力,才能不断获得学识。相信并切记这些,大道就会在自己身上积累。教是学的一半,始终专心于学习,德行会在不知不觉中得到修养和提高。借鉴先王成法,将永离过失。我因此也才能恭敬承顺大王的旨意,广招贤才把他们安排在各个职位上。"

王曰："呜呼,说! 四海之内,咸仰朕德①,时乃风②。股肱惟人③,良臣惟圣。昔先正保衡④,作我先王⑤,乃曰:'予弗克俾厥后惟尧、舜⑥,其心愧耻,若挞于市⑦,一夫不获⑧',则曰:'时予之辜⑨!'佑我烈祖⑩,格于皇天⑪。尔尚明保予⑫,罔俾阿衡专美有商⑬。为后非贤不乂⑭,惟贤非后不食⑮。其尔克绍乃辟于先王⑯,永绥民⑰!"

【注释】

①咸:都。仰:敬仰。朕:我。

②时:通"是"。风:教化。

③股肱:犹云"手足"。股,大腿。肱,上臂。

④先正:先世长官。保衡:与"阿衡"都是指伊尹。

⑤作:起。

⑥俾:使。后:君王,指成汤。惟:如。

⑦挞:鞭挞。

⑧不获:不得其所。

⑨辜:罪。

⑩佑:辅助。烈祖:成就功业的先祖,指成汤。

⑪格:致。皇天:大天。

⑫尚:庶几,表希望语气。明:努力。保:辅佐。

⑬阿衡:指伊尹。专:独。

⑭乂:治。

⑮食:食禄,指得到任用。

⑯绍:继续。辟:君王,指武丁。

⑰绥:安,安抚。

【译文】

王说:"啊,傅说! 天下四方都敬仰我的德行,这是你的教化所致。手足完备才能算正常人,拥有良臣才能算圣君。从前先贤伊尹使我先王兴起,他却说:'我不能使君王像尧舜那样,心中惭愧,如同在集市上受鞭挞之刑。'如果有一个人没有得到合理安置,就说:'这是我的罪过。'他辅佐我的烈祖成汤,功名上达于天。希望你努力辅佐我,不要使伊尹在我商朝独留美名。君王没有贤臣辅助,就治理不好天下;贤臣没有君王赏识,也得不到任用。你要让你的君王继续先王大业,长久地安定民众。"

说拜稽首,曰:"敢对扬天子之休命①!"

【注释】

①敢:胆敢。冒昧。对扬:《孔传》:"对,答也。答受命而称扬之。"休:美。

【译文】

傅说跪拜叩头,说道:"我冒昧对答,正是为了颂扬天子您美好的教导。"

高宗肜日①

高宗肜日,越有雊雉②。

【注释】

①高宗肜(róng)日:高宗,殷王武丁宗庙的称号,武丁是商汤第十一世孙,殷王朝第二十三代君主。"肜"祭,殷人祭祀先王之礼。商王朝祭祀高宗武丁之时,出现了野鸡鸣叫的异象,引起了王室的恐慌。贵族祖己针对此事,发表了一番言论,对商王进行了劝勉,构成了本篇的主要内容。

②越:与"粤"、"曰"、"爰"等都是发语词,无意义。雊(gòu):野鸡叫。雉:野鸡。

【译文】

肜祭高宗武丁的时候,有野鸡鸣叫。

祖己曰①:"惟先格王②,正厥事③。"

【注释】

①祖己:即武丁之孝己。

②格:告。

③正:修。事:指祭祀之事。

【译文】

祖己说:"告诉大王,不要害怕,先办好祭礼。"

乃训于王曰①:"惟天监下民②,典厥义③。降年有永有不永④。非天夭民⑤,民中绝命⑥。民有不若德⑦,不听罪⑧。天既孚命正厥德⑨,乃曰其如台。

【注释】

①训:劝勉。

②监:视,考察。

③典:主持;掌管。义:按道理行事。

④降年:指上天赐予的人的寿命。永:长。

⑤夭:早死。

⑥中:中道。

⑦若:顺。

⑧听罪:服罪。

⑨既:已。孚:授。命:老天的命令。

【译文】

接着又劝勉王说:"上天考察下界,掌握着一定道理。它赐予人的寿命有长有短,并不是上天有意要缩短人的寿命,而是因为有人不听天命,做错了又不肯服罪,以致中途绝命。上天已发出明确的命令,用以规范人们的德行,可是有人竟然说:'能把我怎么样!'

"呜呼！王司敬民①,罔非天胤②,典祀无丰于昵③。"

【注释】

①司:嗣,承继。敬民:敬理民事。

②天胤:天子。

③典:常。丰:厚。昵:亲近,指祢庙(父庙)。

【译文】

"哎呀！君王们承继着敬理民事的大业,他们都是上天的后代,祭祀大典中,在自己的父庙中祭品不要过于丰厚。"

西伯戡黎①

西伯既戡黎,祖伊恐②,奔告于王曰③:

【注释】

①西伯戡(kān)黎:本篇记录了周文王征服了黎国,殷商贵族祖伊开始恐慌,跑去对纣王发出警告的一段对话。西伯,周文王。戡,平定。

②祖伊:人名,殷贵族。

③王:商王朝最后一个国王帝辛纣。

【译文】

西周文王平定了黎国,祖伊非常恐慌,跑去对纣王说:

"天子！天既讫我殷命①,格人元龟②,罔敢知吉③。非先王不相我后人④,惟王淫戏用自绝⑤。故天弃我,不有康食⑥,不虞天性⑦,不迪率典⑧。今我民罔弗欲丧⑨,曰:'天曷不降威！'大命不艺⑩,今王其如台?"

【注释】

①既:通"其",将。讫:终止。

②格人：能知天地吉凶的人。元龟：大龟。

③吉：卜兆的吉凶。

④相(xiàng)：辅助；保佑。

⑤惟：是；为。淫戏：暴虐腐化。用：以。

⑥康食：安食；好好吃饭。

⑦虞：度。

⑧迪：由，用。率：法。

⑨丧：亡。

⑩艺：原作"挚"，据于省吾《尚书新证》之说校改，通"昵"，亲近。

【译文】

"大王！老天快要终止我殷朝天命了。懂得天命的贤人和传达天意的宝龟，都不敢说有好兆头了。这不是祖宗不保佑我们，而是大王淫虐过度自己断绝了天命，因此老天才抛弃了我们，使大家没有安稳饭吃，更谈不上安于天性、遵循常法。现在我们的民众无不希望王朝完蛋，都说：'老天怎么不降下惩罚来啊！'看来天命是无常的，大王啊，你还打算怎么办？"

王曰："呜呼！我生不有命在天？"

【译文】

纣说："咦！我不是一生下来就有大命在天的吗？"

祖伊反①，曰："呜呼！乃罪多累在上②，乃能责命于天③？殷之即丧④，指乃功⑤，不无戮于尔邦⑥？"

【注释】

①反：同"返"。

②累：原作"参"，据段玉裁《古文尚书撰异》之说改，积累。

③责：责成；要求。

④之：其。即：遂。

⑤指：通"旨"，致。

⑥无：疑问词倒置，相当于"吗"。戮：通"僇(lù)"，杀。

【译文】

祖伊回去说："唉！你都恶贯满盈了，还向老天爷要什么天命？殷国马上要灭亡了，你的所作所为发展下去，怎能不毁灭你的国家？"

微子①

微子若曰："父师、少师②，殷其弗或乱正四方③！我祖底遂陈于上④；我用沉酗于酒⑤，用乱败厥德于下⑥。殷罔不小大好草窃奸宄⑦；卿士师师非度⑧。凡有辜罪⑨，乃罔恒获⑩。小民方兴⑪，相为敌雠。今殷其沦丧⑫，若涉大水⑬，其无津涯⑭。殷遂丧越至于今⑮？"

【注释】

①微子：微子是殷王朝贵族，名启，纣的庶兄。微子对于纣王恶行曾百般进谏，纣王始终不听。本篇记载了商朝灭亡前，微子向王朝父师、少师询问如何应对的一番谈话。

②父师、少师：商王朝官名。

③其：将。弗或：不能。乱：治理。

④我祖：指商王朝第一任君主汤。底：致。陈：列。

⑤我：指纣王酗酒无度的行为。用：则，却。

⑥厥：其，指汤。

⑦小大：从上到下很多人。草窃：掠夺。奸宄：邪恶作乱。

⑧卿士：执政之官。师师：卿士之众。度：法。

⑨辜：罪。

⑩罔恒获：常常得不到。

⑪方：通"旁"，并。兴：起。

⑫沦丧:灭绝。

⑬涉:渡河。

⑭其:而。津:渡口。涯:水边。

⑮丧越:灭亡而离散。

【译文】

微子这样说:"父师、少师!我们殷王朝快不能治理国家了。我们祖宗汤王以前开拓的功业,被我们酗酒荒淫败乱尽了。从上到下的人无不喜欢为所欲为,掠夺财货。朝廷卿士众官也不守法典。逃亡的罪人也常抓不回来。老百姓们也并起争夺斗殴。殷王朝快要灭亡了,像要渡河却找不到渡口、河岸,难道殷王朝灭亡就在今天吗?"

曰:"父师、少师,我其发出狂①,吾家耄逊于荒②,今尔无指告予③?颠隮若之何其④?"

【注释】

①发:行。狂:通"往",出走。

②耄:昏乱。逊:通"驯",从。荒:通"亡"。

③尔:你们。无:疑问词倒置,相当于"吗"。指:通"稽",计。

④颠:最高处。隮(jī):坠落。

【译文】

又说道:"父师、少师!我是逃走呢,还是随着王朝同归覆亡呢,现在你们能考虑告诉我吗? 国亡了到底如何才好啊!"

父师若曰:"王子①!天毒降灾荒殷邦②,方兴沉酗于酒,乃罔畏畏③,咈其耇长旧有位人④。今殷民乃攘窃神祇之牺牷用⑤,以容将食无灾⑥。降监殷民⑦,用乂雠敛⑧,召敌雠不怠⑨。罪合于一⑩,多瘠罔诏⑪。商今其有灾⑫,我兴受其败⑬;商其沦丧,我罔为臣仆⑭。诏王子出,迪我旧云刻子⑮。王子弗出,我乃颠隮⑯。自靖⑰,人自献于先王⑱,我不顾行遁⑲。"

【注释】

①王子:指微子,因他是"帝乙"之子,故称。

②毒:通"笃",厚。荒:通"亡",灭亡。

③畏畏:即"畏威",畏惧天威。

④咈:违逆。耇(gǒu)长:指权高年长的官员。旧有位人:旧时在位大臣。

⑤攘:偷窃。神祇:天地神鬼。牺:祭祀时所用毛色纯一的牲口。牷(quán):祭祀时所用肢体齐全的牲口。

⑥容:宽容。将食:同义连用成语,吃。

⑦降:下。监:察视。

⑧乂:治。雠敛:重赋。雠,通"稠",繁多。

⑨召:招致。怠:倦怠。

⑩合:集合。

⑪瘼:疾苦。诏:告。

⑫其:将。

⑬兴:起。

⑭罔为臣仆:不要成为奴隶。

⑮迪:用。刻子:即"箕子",古音通假。

⑯乃:仍。

⑰自靖:各自打主意。

⑱人:各人。献:献身。

⑲顾:犹豫。行:将。遁:逃。

【译文】

父师回答道:"王子!老天给我殷朝严重地降下灾祸,但沉酗于酒的纣王却不畏天威,不听年长德高大臣的劝告。现在我们殷人竟至偷窃祭祀鬼神用的祭品,吃了也不受惩罚。对下面百姓施行繁重的赋税征敛,招致无数敌对情绪还不知停止。那么多罪恶加到一起,百姓被榨干了却无处诉告。商王朝眼看就有灾难了,要轮到我们承受;商王朝要灭亡了,我们可不能做亡国奴。告诉你,王子,按我过去对箕子说过的话,你还是出逃吧。要是不走,我们最后都要完蛋。大家各自考虑前途,打算一下怎么献身先王。我不打算逃跑。"

周书

泰誓上①

惟十有三年春②,大会于孟津③。

【注释】

①泰誓:"泰"又作"太","太誓"就是"大誓"。本篇所载乃武王伐纣,大会诸侯于孟津(盟津),在众军前的誓师词。司马迁认为《泰誓》作于武王伐纣之时。但此《泰誓》后来散逸了,不在西汉伏生今文《尚书》二十八篇内。旧说武宣之时曾从民间得到《泰誓》,和伏生本凑成二十九篇之数,但我们认为值得商榷,不排除汉武帝后的《泰誓》有伪作的可能。此《泰誓》三篇见于梅赜《古文尚书》。

②十有(yòu)三年:即十三年。有,又。蔡沈《书集传》云:"十三年者,武王即位之十三年也。"

③孟津:黄河古渡口名,在今河南孟津县。

【译文】

周武王十三年春,在孟津大会诸侯。

王曰①:"嗟!我友邦冢君②,越我御事庶士③,明听誓④。惟天地万物父母,惟人万物之灵。亶聪明作元后⑤,元后作民父母。今商王受弗敬上天⑥,降灾下民,沉湎冒色⑦,敢行暴虐,罪人以族⑧,官人以世⑨。惟宫室、台榭、陂池、侈服⑩,以残害于尔万姓⑪。焚炙忠良⑫,刳剔孕妇⑬。皇天震怒,命我文考肃将天威⑭,大勋未集⑮。肆予小子发⑯,从尔友邦冢君观政于商⑰,惟受罔有悛心⑱,乃夷居⑲,弗事上帝神祇,遗厥先宗庙弗祀⑳,牺牲粢盛㉑,既于凶盗㉒。乃曰:'吾有民有命㉓。'罔惩其侮㉔。

【注释】

①王:周武王姬发。

②冢(zhǒng)君:大君,指随从伐商的诸侯国君。冢,大。

③越:与,和。御事:近臣。庶士:众官员。

④明:努力。

⑤亶(dǎn):诚实。

⑥商王受:商纣王,受是其名。

⑦沉湎:沉溺于酒。冒色:贪恋女色。

⑧族:灭族。

⑨官人:以官职任用人。世:世袭。

⑩台榭(xiè):建在高土台上的敞屋。《孔传》说:"土高曰台,有木曰榭。"陂池:池塘。《孔传》说:"泽障曰陂,亭水曰池。"侈服:华丽的服饰。《孔传》说:"侈谓服饰过制,言匮民财力,为奢丽。"

⑪万姓:即天下万民。

⑫焚炙(zhì):焚烧,指炮(páo)烙(luò)之类酷刑。

⑬刳(kū)剔:割剖。

⑭文考:周文王。肃:敬。

⑮勋:功业。集:成就。

⑯肆:因此。予小子发:武王姬发自称。

⑰观政于商:观察政事。

⑱悛(quān):悔改。

⑲夷居:形容傲慢无礼的样子。夷,蔡沈《书集传》说:"蹲踞也。"

⑳遗:废弃。先:祖先。

㉑牺牲:祭祀时所用的牛羊类牲畜,色纯为牺,体全为牲。粢(zī)盛(chéng):盛在祭器中的黍稷。《孔传》说:"黍稷曰粢……在器曰盛。"

㉒既:尽。凶盗:凶恶盗窃之人。

㉓有命:有天命。

㉔惩：制止。侮：傲慢。

【译文】

周武王说："啊！我的友邦首领们，以及我的近臣、官员们，仔细地听我的誓词。天地是万物的父母，人是万物中的灵长。真正聪明的人成为大王，大王就是民众的父母。现在商王纣不敬重上天，给民众降下灾祸，沉溺美酒，贪恋女色，肆行残暴，用株连灭族之法来惩罚民众，凭世袭之法来任用官吏。为了建造宫室、楼台、池塘，制作奢侈的服饰，他来残害你们民众。炮烙忠良，割剖孕妇。于是皇天大怒，命我先父文王施行天罚，但大功未成。因此我姬发和你们这些友邦首领一直观察商朝的政治状况，但是纣王毫不悔改，仍然傲慢无礼，不祭祀天地鬼神，废弃宗庙不行祭祀，祭祀用的牲畜、器物里的黍稷，都被盗贼偷吃了。他却还说什么：'我有臣民，有天赐的大命！'仍然不停止他傲慢的行为。

"天佑下民①，作之君②，作之师③，惟其克相上帝④，宠绥四方⑤。有罪、无罪，予曷敢有越厥志⑥？同力度德，同德度义⑦，受有臣亿万，惟亿万心；予有臣三千，惟一心。商罪贯盈⑧，天命诛之。予弗顺天，厥罪惟钧⑨。

【注释】

①佑：助。

②作：设立。

③师：官员。

④相：辅佐。

⑤宠：爱护。绥：安定。

⑥曷：何。越：违背。

⑦同力度德，同德度义：《孔传》说："力钧则有德者胜，德钧则秉义者强，揆度优劣，胜负可见。"

⑧贯：通，串。盈：满。

⑨钧：通"均"，同。

"上天佑助天下民众,为他们立了君王,选了百官,希望他们能够辅助上帝,爱护和安定天下百姓。有罪与否,我怎么敢违背上天的意志呢?力量相等就度量德,德行相配就度量义。商王纣有大臣亿万,却有亿万条心,我只有大臣三千,却是一条心。商纣恶贯满盈,上天命令去诛杀他。我若不顺应上天,我就和纣王的罪行一样了。

"予小子夙夜祗惧①。受命文考②,类于上帝③,宜于冢土④,以尔有众,厎天之罚⑤。天矜于民⑥,民之所欲,天必从之。尔尚弼予一人⑦,永清四海。时哉⑧!弗可失。"

【注释】

①夙(sù)夜:早晚。祗:敬。

②受命文考:从文王那里接受上帝赐予的天命。

③类:祭天之礼,以特别重要之事祭告上天。

④宜:祭社稷之礼。冢(zhǒng)土:大社。古代为万民百官所立的社,祭祀土神和谷神。

⑤厎(zhǐ):致。

⑥矜(jīn):怜悯;同情。

⑦弼:辅佐。予一人:武王自称。

⑧时:时机。

【译文】

"我早晚敬慎戒惧。我从先父文王那里接受了上天赐予的大命,又进行了祭天之礼,祭社稷之礼,因而率领你们诸位,奉行天罚。上天怜悯民众,民众的愿望,上天一定顺从。希望你们辅助我,使天下永远安宁。时机啊!不可丧失。"

泰誓中

惟戊午,王次于河朔①。群后以师毕会②。王乃徇师而誓③。

周
书

【注释】

①次:停留;驻扎。河朔:黄河北岸。

②群后:诸侯国君。毕:全部。会:会合。

③徇:巡视。

【译文】

戊午这一天,周武王率军驻扎在黄河北岸,各路诸侯率领军队全部会合在这里。武王于是巡视军队并发布誓师词。

曰:"呜呼! 西土有众①,咸听朕言。我闻吉人为善②,惟日不足;凶人为不善,亦惟日不足。今商王受力行无度,播弃犁老③,昵比罪人④。淫酗肆虐⑤。臣下化之⑥,朋家作仇⑦,胁权相灭⑧。无辜吁天⑨,秽德彰闻⑩。

【注释】

①西土有众:西方的方国诸侯。有,助词。

②吉人:善良的人。

③播弃:抛弃;弃置。犁老:老臣。犁,通"耆"。

④昵比:亲近,勾结。

⑤淫:过分,过度。酗:酗酒。

⑥化:同化。

⑦朋:朋党。

⑧胁:挟持。

⑨无辜:无罪。吁:呼吁。

⑩秽德:恶德;恶行。彰:显著。

【译文】

他说:"啊! 西方各侯国的将士们,都听我讲话。我听说好人做好事,整天做还觉得不够;坏人做坏事,也是整天做觉得不够。现在纣王拼命干坏事,漫无法纪,抛弃年高德劭的大臣,亲近奸佞,过度酗酒,肆行暴虐。臣下们也受其影响,各自建立朋党,相互为敌,挟持权力,彼此杀

尚书

142

伐。无罪的人呼天告冤,纣王的恶行彰显到了上天那里。

"惟天惠民^①,惟辟奉天^②。有夏桀弗克若天^③,流毒下国^④。天乃佑命成汤,降黜夏命^⑤。惟受罪浮于桀^⑥,剥丧元良^⑦,贼虐谏辅^⑧,谓己有天命,谓敬不足行^⑨,谓祭无益,谓暴无伤。厥监惟不远^⑩,在彼夏王。天其以予乂民^⑪,朕梦协朕卜^⑫,袭于休祥^⑬,戎商必克^⑭。受有亿兆夷人^⑮,离心离德;予有乱臣十人^⑯,同心同德。虽有周亲^⑰,不如仁人。

【注释】

①惠:爱。

②辟:君王。奉:恭奉。

③若:顺从。

④下国:天下。

⑤黜:废除。夏命:夏朝的大命。

⑥浮:超过。

⑦剥:伤害。丧:丢弃,离开。元良:微子之类的忠臣。

⑧贼:杀害。虐:残暴。谏辅:敢于谏正的大臣,指比干。

⑨足:值得。

⑩监:通"鉴",借鉴。

⑪其:副词,表揣测语气。以:用。乂:治。

⑫协:符合。

⑬袭:重复。休:美。祥:善。

⑭戎:征伐。

⑮亿兆:极言极多,虚指。

⑯乱:治。十人:《孔传》说:"周公旦、召公奭、太公望、毕公、荣公、太颠、闳夭、散宜生、南宫适及文母。"

⑰周亲:至亲。

【译文】

"上天慈爱民众,君王恭奉上天。夏王桀不能顺应上天,流毒天下。

上天于是赐下福命佑护成汤，降下废除夏朝的命令。商纣王的罪行超过了夏桀，他伤害、驱逐忠良之臣，残杀直谏的辅臣，还说自己享有天命，说上天不值得崇敬，祭祀也没有用，施行暴虐不会有害。纣王的前车之鉴并不远，就在那个夏桀身上。上帝将要让我治理万民，我的梦符合我的占卜，二者都显示出吉祥。征伐商纣一定能够胜利。商纣王有亿万臣民，却不同心不同德；我有治政大臣十人，同心同德。商纣王虽有至亲大臣，却不如我有仁义之士。

"天视自我民视①，天听自我民听。百姓有过②，在予一人，今朕必往。

【注释】

①自：从。

②过：责备。

【译文】

"上天所见，来自我们民众所见；上天所闻，来自我们民众所闻。民众有所责备，都是我未伐商纣，现在我坚决前去伐商。

"我武惟扬①，侵于之疆②，取彼凶残③；我伐用张④，于汤有光⑤。

【注释】

①武：武力。扬：举。

②疆：商王畿的区域。

③取：擒拿。凶残：凶恶残暴，指纣王。

④张：大的成果。

⑤汤：商王成汤。光：光荣；荣耀。

【译文】

"我们的武力要壮大起来，进攻到商王畿的区域，擒住那凶残的纣王;我们的征伐会获得大成果,比成汤征伐夏桀更荣耀。

"勖哉夫子①!罔或无畏②,宁执非敌③。百姓懔懔④,若崩厥角⑤。呜呼!乃一德一心⑥,立定厥功⑦,惟克永世⑧。"

【注释】

①勖(xù):勉,努力。夫子:指将士。

②罔或无畏:《孔传》说:"无敢有无畏之心。"意谓不要轻敌。

③非敌:非我所能敌。

④懔(lǐn)懔:畏惧不安的样子。

⑤崩:崩摧。角:额头。

⑥乃:你们。一德一心:犹云"同心同德"。

⑦立:建。

⑧永:长久。

【译文】

"努力啊,将士们!不要有轻敌之心,宁可保持战无敌手的思想。民众畏惧不安,好像磕坏额角一样。啊!你们要同心同德,建立自己的功业,这样才能使老百姓永远安定。"

泰誓下

时厥明①,王乃大巡六师②,明誓众士③。

【注释】

①时厥明:指戊午日第二天。

②六师:六军。西周建立后有所谓西六师,或即此。

③众士:众将官。

【译文】

到了戊午日的第二天,周武王巡视检阅六师,在众将官前发表誓词。

王曰:"呜呼! 我西土君子。天有显道①,厥类惟彰②。今商王受狎侮五常③,荒怠弗敬④。自绝于天,结怨于民。斫朝涉之胫⑤,剖贤人之心⑥,作威杀戮,毒痡四海⑦。崇信奸回⑧,放黜师保⑨,屏弃典刑⑩,囚奴正士⑪。郊社不修⑫,宗庙不享,作奇技淫巧以悦妇人⑬。上帝弗顺,祝降时丧⑭。尔其孜孜奉予一人⑮,恭行天罚。

【注释】

①显:明。

②类:法则。

③狎(xiá)侮:轻忽、亵渎。五常:指父义、母慈、兄友、弟恭、子孝五种伦常。

④荒怠:荒弃怠慢。

⑤斫(zhuó)朝涉之胫:《孔传》说:"冬月见朝涉水者,谓其胫耐寒,斫而视之。"斫,砍。涉,涉水。胫,小腿。

⑥剖贤人之心:殷臣比干强谏纣王,纣王剖比干,观其心。事见《史记·殷本纪》。

⑦痡(pū):病,伤害。

⑧崇:推崇。回:邪僻。

⑨放黜:放逐贬退。师保:古时负责教导贵族子弟的官职。

⑩典刑:常法。

⑪囚奴正士:《史记·殷本纪》载:"箕子惧,乃佯狂为奴,纣乃囚之。"囚奴,囚禁奴役。正士,正直之士。

⑫郊社:祭祀天地之礼。不修:不治。

⑬奇技淫巧:蔡沈《书集传》说:"奇技,谓奇异技能。淫巧,为过度工巧。"悦:取悦。妇人:指妲己。

⑭祝:《孔传》说:"断也。"

⑮其:助词,表示祈使语气。孜孜:勤勉不懈怠。奉:扶助;帮助。

【译文】

武王说:"哎呀,我的西方将士们! 上天有着明显的法则,应当显扬出来。现在商纣王轻侮五常，荒废不敬，自绝于天，与民众结怨。他砍断清晨徒步涉水者的小腿，剖开贤人的心脏，显示淫威，杀戮无辜，毒害天下。他崇信奸佞之人，流放黜退师氏保氏，摒弃常法，囚禁直谏之士。从不修治祭祀天地的礼仪，祖先宗庙也无贡享，热衷制造奇技淫巧之物，来取悦女人。上天厌恶他，断然降下这丧亡的大祸。你们应该努力辅助我，恭敬执行上天的惩罚！

"古人有言曰：'抚我则后①，虐我则雠②。'独夫受洪惟作威③，乃汝世雠④。树德务滋⑤，除恶务本⑥，肆予小子诞以尔众士⑦，殄歼乃雠⑧。尔众士其尚迪果毅以登乃辟⑨。功多有厚赏，不迪有显戮⑩。

【注释】

①抚：抚爱。则：就。后：君主。

②雠：仇敌。

③独夫：蔡沈《书集传》说："独夫，言天命已绝，人心已去，但一独夫耳。"洪：大。

④世雠：大仇。

⑤务：致力。滋：滋长。

⑥本：根本。

⑦肆：因此。诞：助词，无意义。

⑧殄（tiǎn）：绝灭。

⑨迪：用。果：果敢。毅：坚毅。登：成就。辟：君王。

⑩显戮：明显的惩罚，指公开刑杀于市朝。

【译文】

"古人曾说过：'抚爱我的就是君王，残害我的就是仇敌。'丧道的独夫纣王大行威罚，就是你们世代的大敌。树立德行务求滋长，除绝邪恶务求去根，所以我率领你们诸位将士，去歼灭你们的仇敌。希望诸位将士勇往直前，果敢坚毅地去成就你们的君王的大业。功劳多的有重赏，

周
书

不遵循命令就公开刑杀。

"呜呼！惟我文考若日月之照临①，光于四方，显于西土。惟我有周诞受多方②。予克受③，非予武④，惟朕文考无罪；受克予，非朕文考有罪，惟予小子无良。"

【注释】

①文考：指文王。若：好像。

②诞：助词。多方：归附于周的诸侯国。

③克：胜。

④武：勇武。

【译文】

"啊！我父文王的德行如同日月照耀一般，光辉普及四方，显耀于西土。我们周国接受了各方诸侯的归附。如果我战胜商纣王，不是我勇武，而是因为先父文王没有过失；如果我被商王纣战胜，不是我父文王有罪过，只是因我没有行善道。"

牧誓①

时甲子昧爽②，王朝至于商郊牧野③，乃誓。

【注释】

①牧誓：牧是地名，在商都朝歌南郊。《史记·周本纪》载："武王朝至于商郊牧野，乃誓。"本篇即武王伐纣牧野之战前的誓师词，由当时史官记录成篇。

②甲子：甲子日。《史记》作"二月甲子"，有人根据"殷正建丑"、"周正建子"推算出甲子日在周武王十一年二月五日。昧爽：暗而不明，即黎明时刻。

③王：周武王，姬姓，名发，周王朝第一任君主。牧野：殷朝歌的南

郊,在今河南淇县以南、卫辉以北。

【译文】

甲子日黎明时刻,武王来到商都郊外牧野这个地方,举行誓师典礼。

王左杖黄钺①,右秉白旄以麾曰②:"逖矣③!西土之人④!',

【注释】

①左杖:左手拿着。杖,拿着。黄钺:黄金装饰的斧子。

②秉:拿着。旄:装饰着牛尾的小旗。麾:通"挥",指挥。

③逖(tì):远。

④西土之人:周族在今陕西一带,在商朝之西,故云。

【译文】

武王左手拿着黄金斧钺,右手举着做指挥用的饰有旄牛尾的小旗,说:"大家远来辛苦了,我西方的将士们!"

王曰:"嗟!我有邦冢君、御事①,司徒、司马、司空②,亚旅、师氏、千夫长、百夫长③,及庸、蜀、羌、髳、微、卢、彭、濮人④,称尔戈⑤,比尔干⑥,立尔矛⑦,予其誓⑧。"

【注释】

①有邦:即"邦"。冢君:对友邦国君的尊称。冢,大。御事:治事行政之官。

②司徒、司马、司空:均为官名。

③亚旅:次于司徒、司马、司空的武职。师氏:高级武官。千夫长:统率一千士兵的贵族官员。百夫长:统率一百士兵的贵族官员。

④庸、蜀、羌(qiāng)、髳(máo)、微、卢、彭、濮(pú):周族周围地区几个不同部族,先后臣服周,跟随武王伐纣。

⑤称:举。戈:刀刃横置,用于横击和钩割的兵器。

⑥比:按次序排好。干:盾牌。

周书

⑦矛：长柄兵器，前端装有利刃，用于击刺。

⑧其：将。

【译文】

武王说："啊！我各邦国君、治事大臣，司徒、司马、司空，军事首长，千夫长、百夫长等官员，及庸、蜀、羌、髳、微、卢、彭、濮等各个部族的将士们，举起你们的戈，排列好你们的盾，竖立好你们的矛，我要发誓词了。"

王曰："古人有言曰：'牝鸡无晨①；牝鸡之晨②，惟家之索③。'今商王受惟妇言是用④，昏弃厥肆祀弗答⑤，昏弃厥遗王父母弟不迪⑥；乃惟四方之多罪逋逃是崇、是长、是信、是使⑦，是以为大夫卿士⑧；俾暴虐于百姓⑨，以奸宄于商邑。今予发惟共行天之罚。

【注释】

①牝(pìn)：雌，母鸡。晨：在早晨鸣叫。

②之：若。

③惟：就是。索：尽，完了，此处含有破落之意。

④受：即"纣"，同音假借，是商王朝最后一任国王"帝辛"的名字。

⑤昏弃：蔑弃。昏，通"湣"，泯。肆：祭名，对先祖的祭祀。答：报。

⑥王父母弟：指同父异母诸兄弟。迪：用。

⑦逋逃：逃亡者。逋，逃亡。

⑧大夫卿士：泛指殷王朝各级官员。

⑨俾：使。百姓：百官。

【译文】

武王说："古人有一句话：'母鸡不该在早晨打鸣。如果母鸡早晨打鸣，这个家就要败落了。'现在商王纣只听信女人的话，轻蔑地背弃祖先宗庙，不举祭祀；蔑弃同宗兄弟，不予任用；反而只对逃亡的罪人，任命他们担任大夫、卿士等要职，使他们为害于百官，作恶于商国。现在我姬发要奉行上天的意旨来讨伐商纣了。

"今日之事①,不愆于六步、七步②,乃止,齐焉。夫子勖哉③!不愆于四伐、五伐、六伐、七伐④,乃止,齐焉。勖哉夫子⑤! 尚桓桓如虎、如貔、如熊、如罴⑥,于商郊弗讶克奔⑦,以役西土⑧。勖哉夫子!

【译文】

"今天举行临战前的军事操演,在徒手操演上,不超过六步、七步就要停下来,整齐划一。战士们努力啊! 在击刺操演上,不过四次、五次、六次、七次就要停下来,整齐划一。战士们努力啊! 大家要威风凛凛,像虎貔熊罴一样,在商都的郊外举行舍车、徒步的演习,以动员我西方勇士们投入战斗。战士们努力啊!

"尔所弗勖,其于尔躬有戮①!"

【译文】

"倘若你们不努力,我就把你们杀掉!"

武成①

周书

惟一月壬辰②,旁死魄③。越翼日癸巳④,王朝步自周⑤,于征伐

151

商⑥。厥四月哉生明⑦,王来自商,至于丰⑧。乃偃武修文⑨,归马于华山之阳⑩,放牛于桃林之野⑪,示天下弗服⑫。

【注释】

①武成:即成就武功之谓,指武王伐纣灭商之事取得成功。武王灭商后,设立三监管理殷余民,释箕子之囚,散鹿台之财,赈济百姓,最后西归,史官记录这一过程,即为《武成》篇。事见《史记·周本纪》。但《武成》篇在东汉就亡逸了,《周本纪》所载仅其逸文而已。本篇属梅赜《古文尚书》。

②一月:《孔传》说:"此本说始伐纣时,一月,周之正月。"

③旁死魄:月亮大部分无光的时候。旁,近。

④越:及。翼日:第二天。

⑤周:指宗周镐京。

⑥于:往。

⑦哉生明:指月亮开始发光。哉,始。

⑧丰:文王所都,在今陕西长安县西北沣水西岸,后武王迁往沣水东岸的镐。

⑨偃:停息。修:实行。

⑩华山:旧说即西岳华山。

⑪桃林:《孔传》说:"桃林在华山东。"阎若璩说:"桃林塞为今灵宝县西至潼关广围三百里皆是。"

⑫服:使用。

【译文】

一月壬辰日,月亮大部分没有光辉。到了第二天癸巳日,武王早晨从周都镐京出发,前往征伐商朝。四月,月亮开始露出光辉,武王伐商归来,到达丰邑。于是停止了武备,施行文教,把马放归到华山的南面,把牛放回到桃林的旷野,向天下表示不再使用武力。

丁未,祀于周庙①,邦甸、侯卫骏奔走②,执豆、笾③。越三日庚戌,柴望④,大告武成⑤。

【注释】

①周庙:周的祖庙。

②邦甸、侯卫:泛指远近诸侯。骏奔走:迅速奔走助祭。骏,速。

③豆、笾(biān):二者都是古代祭祀的礼器。

④柴:烧柴祭天之礼。望:祭祀山川之礼。

⑤大告:遍告。

【译文】

丁未日,武王在周祖庙祭祀,远近的诸侯奔走助祭,陈设木豆、竹笾等祭器。到了第三天,庚戌日,举行柴祭和望祭的大礼,遍告天下伐商成功。

既生魄①,庶邦冢君②,暨百工③,受命于周。

【注释】

①既生魄:王国维《生霸死霸考》说:"既生霸,谓自八九日以下降至十四五日也。"

②冢君:大君,即各诸侯王。

③百工:百官。

【译文】

十五日之后,众多诸侯国君以及百官,接受周天子的策命。

王若曰:"呜呼,群后①！惟先王建邦启土②,公刘克笃前烈③。至于大王④,肇基王迹⑤,王季其勤王家⑥。我文考文王,克成厥勋⑦,诞膺天命⑧,以抚方夏⑨。大邦畏其力,小邦怀其德。惟九年,大统未集⑩,予小子其承厥志。厎商之罪⑪,告于皇天后土⑫,所过名山大川,曰:'惟有道曾孙周王发⑬,将有大正于商⑭。今商王受无道,暴殄天物,害虐烝民⑮,为天下逋逃主⑯,萃渊薮⑰。予小子既获仁人⑱，敢祗承上帝⑲，以遏乱略⑳。华夏蛮貊罔不率俾㉑。恭天成命㉒，肆予东征，绥厥士女㉓。惟其士女篚厥玄黄㉔，昭我周王㉕。天休震动㉖，用附我大邑周㉗。惟尔有神，尚克相予以济兆民㉘，无作神羞。'

【注释】

①后：指诸侯王。

②先王：指后稷。《孔疏》说："后稷非王，尊其主，故称先王。"

③公刘：周先公名，后稷的曾孙，修后稷之业，使周国富裕。烈：业。

④大王：即太王古公亶父，王季的父亲，文王的祖父，积德行义，率周人至于岐地，定都周原，得到周人的爱戴和歌颂。

⑤肇基：开始。

⑥王季：文王的父亲。

⑦勖：功。

⑧诞：其。膺：承受。

⑨方夏：四方及中土。

⑩集，成就，成功。

⑪厎（zhǐ）：致。

⑫皇天后土：指天神地祇。

⑬曾孙：自称之词。

⑭大正：《孔传》说："以兵征之。"

⑮烝：众。

⑯为天下逋（bū）逃主：《孔传》说："天下罪人逃亡者，而纣为魁主。"

⑰萃：聚。

⑱仁人：《孔传》说："谓太公、周、召之徒。"

⑲祗：敬。承：奉。

⑳遏：断绝，阻止。略：谋。

㉑华夏：中原国家。蛮：古代泛称南方少数民族。貊（mò）：这里泛指北方少数民族。率：顺。

㉒成命：共同伐商的天命。

㉓士女：男女的泛称，这里指广大百姓。

㉔篚(fěi)：圆形的竹筐。这里作动词用。玄黄：玄、黄二色的丝帛。

㉕昭：见。

㉖天体震动：周的善德感天动地。

㉗大邑周：即周国。

㉘相：帮助。济：救助。兆民：天下众多民众。

【译文】

周武王这样说道："啊，众位诸侯！我先王后稷建立邦国，开辟疆土，公刘能够增厚先王功业。到了太王古公亶父，开始建立王室的基业，王季也能勤劳于邦国。我的父亲文王，能够成就先王功勋，他承受天命，安抚天下。大国畏惧他的威力，小邦怀念他的德行。文王在诸侯归附的第九年逝世，大业尚未完成。我将继承他的遗志，向皇天后土、名山大川举报商纣王的罪行。我说：'替天行道的曾孙周王姬发，将大规模征伐商朝。当今的商纣王不遵天道，暴殄天物，虐杀民众。纣王成为天下逃犯的魁首，商都成了罪人聚集的地方。我得到了一些仁义之士的辅助，愿意恭奉上帝，以使动乱之谋断绝。中原和四夷无不遵从。恭奉上天命令，所以我东征商纣王，使天下众民安定。百姓们用竹筐装着黑、黄色的丝帛，前来见我。我周朝的善德感动上天，四方因此归顺我大周。希望众位神灵，都能够佑护我救助天下万民，你们神灵不要被我蒙羞！'

"既戊午，师逾孟津①，癸亥，陈于商郊②，俟天休命③。甲子昧爽④，受率其旅若林⑤，会于牧野⑥。罔有敌于我师⑦，前徒倒戈⑧，攻于后以北⑨，血流漂杵⑩。一戎衣⑪，天下大定。乃反商政⑫，政由旧⑬。释箕子囚⑭，封比干墓⑮，式商容闾⑯。散鹿台之财⑰，发钜桥之粟⑱，大赉于四海⑲，而万姓悦服。"

【注释】

①逾：渡。孟津：即"盟津"，此黄河渡口在今河南省孟津县东北。

155

②陈：布阵。商郊：商都朝歌的郊外。

③俟天休命：等待上天的美命降临，这里是等待天亮开战的意思。

④甲子：甲子日。昧爽：指早晨天快亮的时候。昧，通"冥"。

⑤旅：众，军队。若林：《孔传》说："言盛多。"

⑥牧野：殷朝歌的南郊，在今河南淇县以南汲县以北。

⑦敌于我师：即与我师为敌。

⑧前徒：前军。倒戈：掉转矛戈。

⑨后：后面的军队。北：败逃。

⑩杵：舂杵。

⑪一戎衣：一次用兵。

⑫反：废除。

⑬由：用。旧：指商先王的善政。

⑭箕子：商纣王的叔父，封地在今山东境内。

⑮封：堆土为坟。比干：纣王叔父，商代著名贤臣，以死力谏纣王，纣王剖其心。

⑯式：同"轼"，车前的横木。这里用作动词，礼敬之意。商容：商代贤人。闾：里巷的大门。

⑰鹿台：商府库名。

⑱钜（jù）桥：商的粮仓。

⑲赉（lài）：赏赐，施舍。

【译文】

"到了戊午日，我军从盂津渡过黄河。癸亥日，在商都郊外布好阵势，等待天亮开战。甲子日黎明时分，商纣王率领他那森然林立的军队，在牧野与我军会战。但商军没有愿意和我军为敌的，前军掉转兵器，击击后面的军队，导致纣军败退，血流成河，甚至可以漂起舂杵。一次用兵，彻底安定天下。于是纣王暴政被废除，商先王的善政被恢复。释放被囚禁的箕子，整修比干的坟墓，礼敬商容里巷大门。散发鹿台府库聚敛的财货，发放钜桥粮仓囤积的粮食，普施天下，万民心悦诚服。"

列爵惟五①，分土惟三。建官惟贤②，位事惟能③。重民五教④，惟食、丧、祭。惇信明义⑤,崇德报功⑥。垂拱而天下治⑦。

【注释】

①列爵:班赐爵位。惟:为。五:指公、侯、伯、子、男五等诸侯。

②建:立。

③位事:居位处事。

④五教:蔡沈《书集传》说:"五教,君臣、父子、夫妇、兄弟、长幼,五典之教也。"

⑤惇:厚。

⑥崇:尊。报:报答。

⑦垂拱:垂衣拱手,言不亲理事务。

【译文】

周武王班列爵位为五等,分封土地为三品。依据贤良设立官长,依据才能安置众吏。重视对民众进行君臣、父子、夫妇、兄弟、长幼五典之教,以及民食、丧亡、祭祀之事。惇厚诚信,显明理义,尊崇有德,报答有功。从此,周武王垂衣拱手,而天下大治。

洪范①

惟十有三祀②,王访于箕子③。王乃言曰:"呜呼! 箕子。惟天阴骘下民④,相协厥居,我不知其彝伦攸叙⑤。"

【注释】

①洪范:本篇开头有武王访问咨询箕子的话,可能是周史臣的记录,也可能是后人加上的。《洪范》被称作"统治大法",是一篇对后世君王影响深远的文献。洪,大也。范,法也。

②惟十有三祀:即"十又三年",武王伐商二年后。商代以祀纪年。

③王:周武王。箕子:商纣王的叔父。

④阴:覆。骘(zhì):安定。

⑤彝:常。伦:理。攸:所以。叙:顺序。

【译文】

十三年,武王访问了箕子。王说道:"哎呀! 箕子。上天荫庇保护着百姓,使大家和谐居住。我不知道上天井然有序地治理天下的常理是哪些。"

箕子乃言曰:"我闻在昔,鲧堙洪水①,汩陈其五行②,帝乃震怒③,不畀洪范九畴④,彝伦攸斁⑤。鲧则殛死⑥,禹乃嗣兴,天乃锡禹洪范九畴⑦,彝伦攸叙。

【注释】

①鲧:神话人物,传说为禹的父亲。堙(yīn):堵塞。

②汩(gǔ):乱。五行:水、火、木、金、土。此处指五行的规律。

③帝:殷人对上天的称呼。

④畀(bì):给。畴:类。

⑤攸:因此。斁(dù):败坏。

⑥则:既,已经。殛:流放;流贬。

⑦锡:同"赐",赐予。

【译文】

箕子说:"我听说过去鲧用堵塞的办法治理洪水,结果扰乱了五行的规律,上天大怒,就不传授给他'大法九章'。治理天下的常理遭到败坏,鲧被流放了。禹继起,振兴大业,上帝就把'大法九章'传授给了禹,禹按此常理治理天下,井井有条。

"初一①,曰五行。次二,曰敬用五事②。次三,曰农用八政③。次四,曰协用五纪④。次五,曰建用皇极⑤。次六,曰乂用三德⑥。次七,曰明用稽疑⑦。次八,曰念用庶征⑧。次九,曰向用五福⑨,威用六极⑩。

【注释】

①初：开始。

②用：以。五事：见下文，指一个人的态度、言语、观看、闻听、思考等五项。

③农：勉励。八政：见下文，指"食"、"货"等八项。

④五纪：见下文所举五种纪时计算之术。

⑤皇极：君王进行统治的准则。

⑥乂(yì)：治。三德：见下文，为正直、刚克、柔克三项。

⑦稽疑：卜问疑难。

⑧念：通"验"，应验。征：征兆。

⑨向：通"飨"，给人以好处。五福：见下文，寿、富、康宁、好德、终命等五项。

⑩威：通"畏"，使……害怕。六极：见下文"凶、短、折"等六项不吉利的事。

【译文】

"这九章，第一，五行；第二，谨慎于君王自身的五事；第三，努力办好八项政务；第四，协调五种纪时之术；第五，建立君王的统治准则；第六，推行三种统治方式进行治理；第七，处理疑难问题时明确运用卜筮；第八，君主行为的好坏用各种征兆来验证；第九，运用五种幸福的事以赐福，运用六种极坏的事以惩罚。

"一，五行：一曰水，二曰火，三曰木，四曰金，五曰土。水曰润下①，火曰炎上②，木曰曲直③，金曰从革④，土爰稼穑⑤。润下作咸，炎上作苦，曲直作酸，从革作辛⑥，稼穑作甘。

【注释】

①水曰润下：水的特性为向下湿润。曰，为。

②炎上：向上燃烧。

③曲直：可曲可直。

周书

④从革:变革。

⑤爱:即"曰",为。稼穑:种植和收获庄稼。

⑥辛:辣。

【译文】

"第一章,五行:一是水,二是火,三是木,四是金,五是土。水向下湿润,火向上燃烧,木可曲可直,金熔化后可以按照人的要求变化形状,土可以种植和收获庄稼。向下湿润致卤就产生咸味,向上燃烧致焦就产生苦味,可曲可直的木材产生酸味,熔化后可按照人的要求变化形状的金使味道辣,土地生长出来的庄稼味道甜美。

"二,五事:一曰貌①,二曰言,三曰视,四曰听,五曰思。貌曰恭,言曰从,视曰明②,听曰聪,思曰睿③。恭作肃④,从作乂⑤,明作哲,聪作谋⑥,睿作圣。

【注释】

①貌:容貌,态度。

②明:清醒明察。

③睿(ruì):睿智通达。

④作:表现出。

⑤乂(yì):治理,引申为辅助、鼓励。

⑥谋:通"敏",处事敏锐。

【译文】

"第二章,君王自身的五事:一是态度,二是语言,三是观察,四是听闻,五是思考。态度要恭敬,言语要柔顺,观察事物要清楚明晰,听取别人的意见要聪敏,思考问题要睿智通达。态度恭敬,就严肃端庄;说话柔顺就能得到广泛辅佐;看问题清晰明察,就有智者风范;听取意见聪颖,就能善于谋断;思考问题通达,就能接近圣人的境界。

"三,八政:一曰食①,二曰货②,三曰祀③,四曰司空④,五曰司

尚书

徒⑤,六曰司寇⑥,七曰宾⑦,八曰师⑧。

【注释】

①食:民食,指农业。

②货:财货,指手工业、商业。

③祀:祭祀等宗教活动。

④司空:掌管居民的官。

⑤司徒:掌管教育的官。

⑥司寇:掌管司法的官。

⑦宾:掌管诸侯朝见的官。

⑧师:即司马,掌握军事的官。

【译文】

"第三章,要做好八项政务:一是农业生产,二是手工生产和商业贸易,三是宗教祭祀,四是内务民政,五是管理教育,六是管理司法,七是礼宾外交,八是管理军务。

"四,五纪①:一曰岁②,二曰月③,三曰日,四曰星辰④,五曰历数⑤。

【注释】

①五纪:依节气纪岁,依月象纪月,依圭影纪日,依二十八宿纪日月之会,依五行星的运行数据纪历数。纪,指天象数据及几种不同的纪时单位。

②岁:上年冬至到下年冬至为一岁。到战国时已和年字同用。

③月:从朔至晦为一月。据王国维《生霸死霸考》,商代以一月为三旬,西周则一月按月相分为初吉、既生霸、既望、既死霸四部分。

④星辰:即"星"。

⑤历数:历法。

【译文】

"第四章,五种纪时方法:一是年,二是月,三是日,四是星辰,五是历法。

"五,皇极:皇建其有极①。

【注释】

①有:助词,无意义。极:准则。

【译文】

"第五章,君王的统治准则:君王要建立至高无上的统治准则。

"敛时五福①,用敷锡厥庶民②;惟时厥庶民于汝极③,锡汝保极④。凡厥庶民,无有淫朋⑤,人无有比德⑥,惟皇作极。凡厥庶民,有猷有为有守⑦,汝则念之⑧。不协于极,不罹于咎⑨,皇则受之,而康而色⑩。曰'予攸好德⑪',汝则锡之福。时人斯其惟皇之极⑫。无虐茕独⑬,而畏高明⑭。人之有能有为⑮,使羞其行⑯,而邦其昌。凡厥正人⑰,既富方谷⑱;汝弗能使有好于而家⑲,时人斯其辜⑳。于其无好,汝虽锡之福,其作汝用咎㉑。

【注释】

①敛:聚。五福:指下文第九章中的寿、福等五项。

②用:以。锡:同"赐",赐予。

③惟时:于是。于汝极:对于你的准则。

④保:保护。

⑤淫朋:邪党。

⑥人:官员。比:私相亲密。

⑦猷:谋划。为:才干。守:德行操守。

⑧念:记住。

⑨罹(lí):遭受。

⑩而康而色:而且要和善你的脸色。前一"而"字是连词。后一"而"字同"汝"。

⑪攸：修。

⑫时人：此人,这些人。斯：则,乃。其：将。

⑬虐：欺侮。茕(qióng)独：泛指孤苦无靠的人。

⑭高明：尊崇显要之人。

⑮人：指在位官员。

⑯羞：进献。

⑰正人：官员中的长官。

⑱方：始,才。谷：善。

⑲而：汝,指君王。

⑳时人：这些人。

㉑作汝：替你办事。用：以。咎：罪过。

【译文】

"把五种幸福的事聚集起来,赐予百姓,这样的话,百姓就会帮助你巩固这准则。所有庶民都不得结成邪党,一切官员不得结成死党,只应遵循君王所建的准则。庶民中有善于谋划、有才干、有操守的,要注意记住他们。那些作为不合准则,但尚未陷入犯罪的人,就先宽容他们,而且应该和颜悦色地去宽容他们。如果某人说'我要注意修养品德',就要赏赐他好处,这些人就会完全遵守君王的准则。不要虐待那些无依无靠的平民,而畏惧显贵官员。那些有能力、有作为的官吏,要晋升他们,这样可使国家昌盛。那些高级长官,须先给他们以优厚的俸禄,才好要求他们做出善政。如果你不能使人们为王室做出贡献,那就是这些官员们的罪过。对于没有德行的人,你虽然给他们赐福,但他们也会以恶行为你办事。

"无偏无颇①,遵王之义。无有作好②,遵王之道。无有作恶,遵王之路。无偏无党③,王道荡荡④。无党无偏,王道平平⑤。无反无侧,王道正直。会其有极⑥,归其有极⑦。曰皇极之敷言⑧,是彝是训⑨,于帝其训⑩。凡厥庶民极之敷言,是训是行,以近天子之光。曰天子作民父母,以为天下王。

【注释】

①颇:倾斜;不平。

②好:私人利益。

③党:包庇私情。

④荡荡:宽广。

⑤平平:通"辨辨"、"便便",治理、辨别。

⑥会:聚集。

⑦归:归依。

⑧敷:通"傅",至。

⑨彝:师法;效法。

⑩训:顺从。

【译文】

"不要有任何的偏颇,应当遵循君王的仁义啊!不能只顾私人利益,应当遵循君王正道而前进啊!不要为非作恶,要遵循君王的正路行走啊!没有偏私,没有结党,君王的道路将无比宽广!没有结党,没有偏私,君王的道路将无比顺畅!不要反复,不要倾侧,君王的道路中正平直!大家会集到君王的准则之下来啊!大家归依到君王的准则下来啊!这就是君王所宣布的至高无上的准则!要以至言为师法,为教训,才算顺从了上天的意旨!这也都是庶民们所要遵守的至言,只应该顺从它、奉行它,以亲附于天子,承受他圣德的光彩!这样,天子才是百姓的父母,是全天下的君王!

"六,三德①:一曰正直,二曰刚克②,三曰柔克③。平康④,正直;强弗友⑤,刚克;燮友⑥,柔克。沉潜⑦,刚克;高明⑧,柔克。惟辟作福⑨,惟辟作威,惟辟玉食⑩。臣无有作福、作威、玉食。臣之有作福、作威、玉食⑪,其害于而家⑫,凶于而国。人用侧颇僻⑬,民用僭忒⑭。

【注释】

①三德:三种统治方法。

②刚:刚强,强硬。克:取胜。

③柔:怀柔,温和的方式。

④平康:平正康宁。

⑤强:通"犟(jiàng)",刚强顽固。

⑥燮(xiè)友:态度柔和可亲的人。

⑦沉潜:指沉沦在下的民众。

⑧高明:贵族。

⑨辟:君主。

⑩玉食:美食。

⑪之:如果。

⑫其:则。而:汝。

⑬人:在位官员。用:因此。侧:偏;不正。颇:倾斜。僻:邪辟,不正。

⑭僭:犯上作乱。忒(tè):恶念。

【译文】

"第六章,三种统治方式:一是用正直的方式进行统治,二是以刚取胜,三是以柔取胜。对平正康宁的人,要采用正直方式;对刚强顽固的人,要用强硬方式;对和顺可亲近的人,要用温和方式。对待百姓,要以强硬方式统治;对显要贵族,要以温和方式拉拢。只有君王才有权赐予百姓以幸福,给予民众以刑罚,也只有君王才可以享受美食。臣下则无权如此。倘若臣下擅自给人以幸福、予人以刑罚、享受美食,就会给王室和国家带来危害,百官会因此走上邪路,老百姓也会犯上作恶。

"七,稽疑①:择建立卜筮人,乃命卜筮②。曰雨,曰霁③,曰蒙④,曰驿⑤,曰克⑥,曰贞⑦,曰悔⑧,凡七。卜五⑨,占用二⑩,衍忒⑪。立时人作卜筮⑫,三人占,则从二人之言。

【注释】

①稽疑:卜筮决疑。

②乃命卜筮:占卜时将所问之事告诉龟。

③霁:雨止而云未散。

④蒙:雾气蒙蒙的样子。

⑤驿(yì):古文作"圛",半有半无的升云。

⑥克:成功与否。

⑦贞:内卦。

⑧悔:外卦。

⑨卜五:指用龟甲占卜的雨、霁、圛、蒙、克五项。

⑩占用二:用蓍草占筮的贞、悔两项。

⑪衍忒:卜筮二者都要推演研究兆卦的变异。衍,推演。忒,变化。

⑫时人:此人,这些人。

【译文】

"第七章,占卜决疑的方法:选择善于卜筮的人,用龟甲占卜、蓍草筮卦,展示出雨、霁、蒙、驿等天气状貌,事件成功与否,以及内卦、外卦的丰富变化,一共七项。其中前五项用龟甲卜卦,后两项用蓍草占卦,都要推演研究其兆卦的变异。用这些人进行卜筮时,三个人占卜,要信从其中两个人的结果。

"汝则有大疑①,谋及乃心,谋及卿士,谋及庶人,谋及卜筮。汝则从,龟从,筮从,卿士从,庶民从,是之谓大同。身其康强②,子孙其逢③,吉。汝则从,龟从,筮从,卿士逆,庶民逆④,吉。卿士从,龟从,筮从,汝则逆,庶民逆,吉。庶民从,龟从,筮从,汝则逆,卿士逆,吉。汝则从,龟从,筮逆,卿士逆,庶民逆,作内,吉;作外,凶⑤。龟筮共违于人⑥,用静,吉;用作,凶⑦。

【注释】

①则:倘若,如果。

②其:乃。

③逢:盛,大。

④逆:反对。

⑤作内,吉;作外,凶:郑玄说:"逆者多,以故举事于境内则吉,境外则凶。"

⑥龟筮共违于人:似指龟筮都"逆",与人三方面意见都相反。

⑦用静,吉;用作,凶:《孔传》说:"安以守常则吉,动则凶。"

【译文】

"倘若你遇到重大疑难的事,首先要自己多加考虑,然后和大臣商量,再和庶民商量,最后再看卜筮的结果。如果你自己赞同,龟卜赞同,著卦赞同,大臣赞同,庶民也赞同,这就叫作'大同'。这样,你身体就会强健,子孙后代也会昌盛,这是大吉。如果你自己赞同,龟卜赞同,著卦也赞同了,可是大臣们不赞同,庶民们也不赞同,这也算吉利。如果大臣们赞同,龟卜赞同,著卦赞同了,你自己却不赞同,庶民们也不赞同,这还是算吉利。如果庶民们赞同,龟卜赞同,著卦赞同了,你自己却不赞同,大臣们也不赞同,这仍算是吉利。如果你赞同,龟卜也赞同,著筮却不赞同,大臣们也不赞同,庶民也不赞同,这种情形下,用于国内之事,仍是吉利;对外,则有凶灾。如果龟卜和著筮都不合人意,那就要安静下来,不应有所行动,才能得到吉利的结果;有所妄动,就会招来凶祸。

"八,庶征①:曰雨,曰旸②,曰燠③,曰寒,曰风。曰时五者来备④,各以其叙,庶草蕃庑⑤。一极备⑥,凶;一极无⑦,凶。

【注释】

①征:征兆。

②旸(yáng):日出,指晴天。

③燠(yù):暖,热。

④曰时:要是。曰,语气助词,无义。

⑤蕃:滋。庑,通"芜",草长得丰盛。

⑥一极备:其中一项过多。

⑦一极无:其中一项太欠缺。

【译文】

"第八章,各种征兆:雨、晴、暖、寒、风。要是五项都具备,各按其规

周 书

167

律发生,那么各种草木就会茂盛地生长,庄稼也会丰收。如果其中某一项过多,就不利;某一项欠缺,也不利。

"曰休征①:曰肃②,时雨若③;曰乂,时旸若;曰哲,时燠若;曰谋,时寒若;曰圣,时风若。

【注释】
①休:美好。
②肃:敬,指君王态度严肃、庄敬。下"乂"、"哲"、"谋"、"圣"皆同。
③时:适时。

【译文】
"美好行为的征兆:君王办事恭谨,雨水就按时降下来;君王政治清明,太阳就按时普照大地;君王处理事情明智,气候就适时温暖;君王深谋远虑,天气就适时转寒;君王明识通达,和风就定时而至。

"曰咎征:曰狂①,恒雨若②;曰僭③,恒旸若;曰豫④,恒燠若;曰急⑤,恒寒若;曰蒙⑥,恒风若。

【注释】
①狂:狂妄。
②恒:长久。
③僭:差错。
④豫:缓慢拖拉。
⑤急:急躁莽撞。
⑥蒙:昏暗不明。

【译文】
"恶劣行为的征兆:君王行为狂肆狂妄,大雨就会下个不停;君王行为动辄有差错,天气就会干旱不雨;君王办事拖拉迟缓,天气会经常炎热;君王办事急躁莽撞,天气会经常寒冷;君王处事昏暗不明,会经常大风不止。

"曰:王省惟岁①,卿士惟月②,师尹惟日③。岁月日时无易④,百谷用成⑤,乂用明⑥,俊民用章⑦,家用平康。日月岁时既易,百谷用不成,乂用昏不明,俊民用微⑧,家用不宁。

【注释】

①省:察。

②卿士:周王朝掌管国政的最高级的官员。

③师尹:卿士下面的一些官吏。

④无:毋,不要。

⑤用:以。

⑥乂(yì):治。

⑦俊民:才能特别高的人。章:显用,指提拔任用。

⑧微:沉沦卑贱。

【译文】

"君王、卿士、师尹递相统率,就像岁、月、日递相隶属,纲举目张。岁、月、日自然有序而不错乱,庄稼才会获得丰收,政治就会清明,贤才也会被任用,国家才能平安宁静。如果日、月、岁时间颠倒错乱,庄稼不会有收成,政治也会昏暗,贤才得不到任用,国家当然就会紊乱。

"庶民惟星①:星有好风②,星有好雨。日月之行,则有冬有夏;月之从星,则以风雨③。

【注释】

①庶民惟星:把民众比作众星。

②星有好(hào)风:星星有爱好风的,意思是星星能影响造成风。下"好雨"同。

③月之从星,则以风雨:古人传说月亮运行经过爱好风雨的星就会

引起风雨。这里是比喻,强调君王要加强统治,不能迁就民欲。

【译文】

"老百姓好比星星,有的星好风,有的星好雨。日、月,按一定规律运行,就会产生冬天和夏天。如果月亮行道时,从星所好,顺从民欲,就会政教失常,引起风雨。

"九,五福①:一曰寿,二曰富,三曰康宁②,四曰攸好德③,五曰考终命④。六极⑤:一曰凶、短、折⑥,二曰疾,三曰忧,四曰贫,五曰恶,六曰弱⑦。"

【注释】

①福:幸福的事。

②康宁:健康安宁。

③攸:所。

④考终命:终天年。考,老。

⑤极:这里指惩罚、恶事。

⑥凶、短、折:均指早死。郑玄说:"未龀(换牙)曰凶,未冠(成年)曰短,未婚曰折。"

⑦弱:衰弱。

【译文】

"第九章,五种幸福:一是长寿,二是富贵,三是健康安宁,四是敬修美德做好事,五是老而得善终。六种惩罚:一是早死,二是疾病,三是忧虑,四是贫穷,五是邪恶,六是衰弱。"

旅獒①

惟克商②,遂通道于九夷八蛮③。西旅底贡厥獒④。太保乃作《旅獒》⑤,用训于王。

【注释】

①旅獒(áo)：旅是西部的方国。獒是一种大犬。旅与周国进行交流，献上了特产大犬。太保召公认为不可以接受，劝勉武王不能玩物丧志，要奋发于德政，于是作了这一篇文字。《旅獒》属梅赜《古文尚书》。

②克商：周武王灭商。

③九夷八蛮：泛指周王朝周边的少数民族。九夷，泛指东方的少数民族，即东夷。八蛮，泛指南方的少数民族，即南蛮。

④西旅：西戎旅国。厎(zhǐ)：致。獒：《尔雅·释畜》云："犬高四尺曰獒。"

⑤太保：即召公奭。

【译文】

周武王战胜商以后，便开辟了通往周边少数民族的道路。西方的旅国来把大犬进贡给周武王，于是太保召公作《旅獒》，用来劝谏周武王。

曰："呜呼！明王慎德，四夷咸宾①。无有远迩②，毕献方物③，惟服食器用④。王乃昭德之致于异姓之邦⑤，无替厥服⑥；分宝玉于伯叔之国⑦，时庸展亲⑧。人不易物⑨，惟德其物。

【注释】

①宾：宾服，归顺。

②迩：近。

③毕：尽。方物：地方特产。

④惟：只。

⑤异姓之邦：周天子分封的异姓诸侯。

⑥替：废弃。服：职事，职务。

⑦伯叔之国：与周天子同姓的诸侯国。

⑧庸：用。展亲：展示亲情。

⑨易：轻视。

【译文】

召公说："啊！圣明的君王要谨慎自己的德行，四方的少数民族才会

周

书

都来归顺。不论远近,都会献上当地特产,贡品只是衣食器用一类的东西。天子又把贡物分赐异姓诸侯们,以昭示圣德,使他们不废弃各自的职事。分赐宝玉给同姓诸侯,以此来昭示亲情。人们不轻视贡物,而是以德来看待那些物品。

"德盛不狎侮①。狎侮君子②,罔以尽人心;狎侮小人③,罔以尽其力。不役耳目④,百度惟贞⑤。玩人丧德,玩物丧志。志以道宁⑥,言以道接⑦。不作无益害有益,功乃成;不贵异物贱用物⑧,民乃足。犬马非其土性不畜⑨;珍禽奇兽,不育于国⑩。不宝远物,则远人格⑪;所宝惟贤,则迩人安。

【注释】

①狎(xiá)侮:轻视;怠慢。

②君子:大臣等贵族统治者。

③小人:下层民众。

④役:驱使,这里指迷惑。

⑤百度:百事,指各种政务。贞:正。

⑥宁:安。

⑦接:酬应。

⑧异物:奇技淫巧之物。

⑨土性:土生土长。畜:畜养。

⑩不育于国:《孔传》说:"皆非所用,有损害故。"

⑪宝:珍视。

【译文】

"德盛就不会轻慢他人。轻慢侮辱官员,就不能使他们全心全意;轻慢侮辱民众,就不能使他们竭尽全力。不沉湎于声色之欢,万事才会顺利。戏弄他人,以致失去做人的道德,玩弄无益之器易于丧失意志。志向合乎道义才能安定,言论合乎道义才能被人接受。不做无益之事,妨碍行有益之事,事业才会成功;不珍视奇巧的东西,不轻贱实用的东西,民众才能丰衣足食。犬马等牲畜不是土生土长的就不要畜养,珍禽异兽更不要养在国内。不珍视远方的贡物,远方的人就会来归附;重视的是贤才,身边的人才能安定。

"呜呼! 夙夜罔或不勤①。不矜细行②,终累大德③,为山九仞④,功亏一篑⑤。允迪兹⑥,生民保厥居⑦,惟乃世王⑧。"

【注释】

①或:有。

②不矜(jīn)细行:犹今天所说"不拘小节"。矜,顾惜,注重。细行,小节,生活小事。

③累:损害。

④仞:古代八尺为一仞。

⑤篑(kuì):盛土的竹筐。

⑥允:信。迪:施行。兹:此,这些。

⑦生民:民众。保:安。

⑧乃:你,指武王。世王(wàng):世代为天子。

【译文】

"啊! 从早到晚不可有片刻不勤勉。不拘小节,终会损害大德。如同堆积九仞高的山,就差最后一竹筐土,也不能说就大功告成了。真的做到了这些,民众就会安居,您也可以世代为王了。"

金縢①

既克商二年②,王有疾③,弗豫④。二公曰⑤:"我其为王穆卜⑥?"周公曰⑦:"未可以戚我先王⑧。"

【注释】

①金縢(téng):指以金属带函封柜匣,用于藏放王室机密文件。本

篇叙述武王灭商后两年,生了重病,周公旦请求先王在天之灵让自己代替武王去死,并将祝册放在"金縢之匮"中,武王很快病就好了。武王死后,成王年纪还小,就由周公摄政。后来,管叔、蔡叔放出谣言诽谤周公,周公为了表示清白,避居东方。后来,老天降下警告,成王打开金匮,了解了事情始末,很是感动惭愧,就把周公迎回来了。

②既克商二年:武王克商在文王受命十一年,这是十三年。

③王:周武王。

④豫:安乐。

⑤二公:太公望和召公奭。

⑥其:将。穆卜:占卜,"穆"字表敬重。

⑦周公:周武王弟,名旦。

⑧戚:使感动。

【译文】

商被灭的第二年,武王生了病,很不舒服。太公和召公说:"我们替王占卜吧!"周公道:"这不能感动我们先王。"

公乃自以为功①,为三坛②,同墠③;为坛于南方,北面,周公立焉,植璧秉珪④,乃告太王、王季、文王⑤。史乃册祝曰⑥:

【注释】

①公:周公。功:人质。

②坛:祭坛。

③墠(shàn):祭祀用的场地。

④植:同"置",放。璧:美玉。秉:拿着。珪:上圆下方的美玉。

⑤太王:武王的曾祖,名古公亶父,是周王朝开创人之一。王季:武王的祖父,名季历。文王:武王父姬昌。

⑥史:史官中担任"作册"的史官,或称"内史"。册:简书。祝:读简书告神灵。

【译文】

于是周公以自己的身体作人质,在一个场上筑成三座坛,祭坛建在

南方,朝着北方,周公站在上面,陈设好了璧,手捧着珪,向太王、王季、文王祷告。史官拿着册子,阅读祝文道:

"惟尔元孙某遘厉虐疾①;若尔三王是有丕子之责于天②,以旦代某之身。予仁若考能③,能多材多艺④,能事鬼神⑤。乃元孙不若旦多材多艺,不能事鬼神。

【注释】

①元孙:长孙。某:指武王姬发。遘(gòu):遇。厉:利。虐:恶。

②丕子之责:《书经传说汇纂》引晁以道说:"犹史传中'责其侍子'之'责'。盖云上帝责三王之侍子。侍子,指武王也。上天责其未来服侍左右,故周公乞代其死。"丕子,大儿子。

③仁若:柔顺。考:通"巧",乖巧。

④能:且。

⑤事:侍奉,服侍。

【译文】

"你们的长孙武王姬发得了很严重的病,如果你们三王在天之灵需要召他去服侍你们,那就请让我姬旦来代替吧。我很孝顺,又很乖巧,而且多才多艺,能够很好地侍奉鬼神。你们的长孙并不像我这般多才多艺,不能够服侍鬼神。

"乃命于帝庭①,敷佑四方②,用能定尔子孙于下地③,四方之民罔不祗畏④。呜呼!无坠天之降宝命,我先王亦永有依归⑤!

【注释】

①乃命于帝庭:你们在帝庭里承受的天命。

②敷佑:即"抚有",同音假借。

③用:因此。

④祗:敬。

⑤依归：指宗庙。

【译文】

"你们在上帝那里承受了大命，拥有天下四方，因此能够安定你们的子孙，四方民众无不既尊敬又害怕。唉！只要保有上天的大命，先王的神灵就永远可以安享于宗庙。

"今我即命于元龟①。尔之许我②，我其以璧与珪③，归俟尔命，尔不许我，我乃屏璧与珪④。"

【注释】

①元龟：大龟。

②之：若。

③其：则。

④屏（bǐng）：排除，除去。

【译文】

"现在我根据龟卜来接受你们的命令了。如果答应我，我就把璧和珪献给你们，回去等候你们的命令。如果不答应，我就要把璧和珪抛掉，不再请求了。"

乃卜三龟①，一习吉②。启籥见书③，乃并是吉④。公曰："体⑤，王其罔害⑥！予小子新命于三王⑦，惟永终是图⑧。兹攸俟⑨，能念予一人。"

【注释】

①乃卜三龟：在三王灵前各摆一只龟，进行占卜。

②习：重复。

③籥（yuè）：古时候书写用的竹简。

④并是吉：指武王和周公都呈现吉兆。

⑤体：幸。

⑥其:大概。

⑦新命:新受命。

⑧图:谋划。

⑨兹:此。攸:助词,宾语前置时用之。俟:等。

【译文】

　　于是他在太王、王季、文王的灵前各摆了一只龟,进行占卜,全部得到吉兆。打开简册,把卜兆的话翻出来一看,王和周公一并得到了吉兆。周公说:"真幸运! 君王不会有什么危险了。我新受三王的命令,也可以永久替国家谋划。现在我就等着这个吧! 三王一定是记挂、关心我的。"

　　公归,乃纳册于金滕之匮中①。王翼日乃瘳②。

【注释】

①滕:封缄用的丝。匮:匣。

②翼日:明日;第二天。翼,通"翌"。瘳(chōu):病愈。

【译文】

　　周公回去,把这篇祝文安放在以金属带封固的柜子里。第二天武王的病就好了。

　　武王既丧①,管叔及其群弟乃流言于国曰②:"公将不利于孺子③!"

【注释】

①既丧:死后。

②管叔:名鲜,周文王之子,武王弟,周公之兄。流言:造谣。

③孺子:古代作为天子诸侯嫡长子承位者的专称。这里指武王之子成王。

【译文】

　　武王死后,管叔和他几个弟弟在国内造谣说:"周公对成王要不怀好

周

书

177

意了。"

周公乃告二公曰："我之弗辟，我无以告我先王。"周公居东二年①，则罪人斯得②。于后③，公乃为诗以贻王④，名之曰《鸱鸮》⑤。王亦未敢诮公⑥。

【注释】

①居东：居国之东，指周公为逃避嫌疑，离开国都，暂居东方某地。

②罪人：造谣的人。斯：尽。

③于后：其后。

④贻：给。

⑤鸱(chī)鸮(xiāo)：一种小鸟。《毛诗·豳风·鸱鸮》序说："《鸱鸮》，周公救乱也。成王未知周公之志，公乃为诗以遗王。"

⑥诮(qiào)：责备。

【译文】

周公就对二公说："如果现在我不回避，没法向我的先王交代。"他避到东方住了两年，最终抓获了那几个造谣的人。后来，周公写了一首诗送给成王，题目叫《鸱鸮》。成王也没有责备他。

秋①，大熟②，未获③，天大雷电以风④，禾尽偃⑤，大木斯拔⑥。邦人大恐，王与大夫尽弁⑦，以启金縢之书，乃得周公所自以为功代武王之说⑧。

【注释】

①秋：居东二年之秋。

②大熟：农作物大熟。

③未获：尚未收割。

④以：与。

⑤偃(yǎn)：倒下。

尚
书

178

⑥斯:尽。

⑦弁(biàn):礼服。

⑧说:祝册中周公祷告的祝词。

【译文】

　　那一年秋天,庄稼长得很好,还没有收割,忽然雷电交加,又刮起了大风,刮倒了许多禾黍,很大的树木都被连根拔起。国内的民众大为惊慌,王和卿大夫们都穿戴朝服准备占卜,打开贮放占卜祝册的金质的柜子,于是看到了周公把自己当作人质替代武王死的祝词。

　　二公及王乃问诸史与百执事①。对曰:"信②。噫③!公命,我勿敢言。"王执书以泣曰:"其勿穆卜!昔公勤劳王家,惟予冲人弗及知④。今天动威以彰周公之德,惟朕小子其新逆⑤,我国家礼亦宜之。"

【注释】

①百执事:掌管卜筮册祝及典藏金滕之匮的各执事官员。

②信:确有此事。

③噫:叹词。

④予冲人:即"予小子",君王自称。冲,通"童"。

⑤新:通"亲"。逆:迎。

【译文】

　　二公和成王就这件事询问祝史和各执事之官,他们回答说:"确有此事。但这是周公的命令,我们一直没敢说。"王手里拿着祝册,流着泪说:"不要恭敬地占卜了。以前周公替王室出了那么多力,我这个幼年人全都不知道。现在上天发威,就是来赞扬周公的德行,我应当亲自去迎接周公,这在国家礼制上也是合理的。"

　　王出郊①,天乃雨,反风②,禾则尽起。二公命邦人,凡大木所偃,尽起而筑之③,岁则大熟。

【注释】

①郊:国都郊外。

②反风:风转向倒吹了。反,同"返"。

③筑:捣土使坚实。

【译文】

成王出了郊,天下雨了,风也向反方向刮去,禾黍都竖起来了。二公吩咐国内民众,扶起那些被大树压着的禾黍,用土加固。这一年仍然获得了好收成。

大诰①

王若曰②:猷大诰尔多邦越尔御事③:弗吊天降割于我家④,不少延⑤。洪惟我幼冲人嗣无疆大历服⑥,弗造哲⑦,迪民康⑧,矧曰其有能格知天命②!

【注释】

①大诰:广泛告导之意。《大诰》讲述武王死后,成王年纪小,周公摄政。管叔、蔡叔嫉恨周公,勾结殷王武庚发动了一场叛乱。周公为了动员周人出兵征伐,以成王名义发表了诰词,反复强调平乱、东征的意义,希望各诸侯国同心同德,顺应天命。最终完成了动员,讨平了叛乱,巩固了周王朝。史臣将周公这一次动员讲话记录下来,成为本篇。

②王若曰:王这样说。此时周公已称王,借成王名义说话,此"王"实指周公。

③猷(yóu)大诰:即"诰",指天子对臣下的训导。越:与,及。御事:朝廷百官。

④弗吊天:即"不淑天",不善的天,降灾害的天。割:同"害"。我家:周的王家。

⑤少:稍。延:延缓。

⑥洪惟:发语词。幼冲人:指年纪尚轻的成王。大历服:即"大历"与

"大服",长久的年代和伟大的禄命。

⑦造:遭。哲:吉。

⑧迪:引导。

⑨矧(shěn):何况。有:又。格:推究。

【译文】

王这样说:现在我告诉你们各位邦君和朝廷百官们,严厉的老天爷正给我们国家降下灾难,我继承了这千秋大业,偏偏很不顺利,还不能使百姓安乐,更谈不上什么能知天命!

已①!予惟小子若涉渊水②,予惟往求朕攸济③。敷贲④,敷前人受命⑤,兹不忘大功⑥;予不敢于闭⑦。

【注释】

①已:唉,发端叹词。

②予惟小子:即"予小子",周公代成王自称。渊:深。

③攸:所以。济:渡过。

④敷:陈列,开展。贲:殷周时占卜用的大龟名。

⑤前人:前代君王。

⑥兹:此。忘:同"亡",失去。

⑦闭:壅塞。

【译文】

唉!我的处境好像准备渡过大河一样,必须寻求可以安全渡过的办法。我要运用龟卜方式,发扬光大我们祖宗所接受的天命,这样先王功业才能被守住。我可不敢自取停滞。

天降威,用文王遗我大宝龟绍天明①,即命曰②:"有大艰于西土,西土人亦不静③,越兹蠢殷小腆④,诞敢纪其叙⑤;天降威,知我国有疵⑥,民不康。曰:'予复⑦!'反鄙我周邦⑧,今蠢今翼⑨。日民献有十夫予翼⑩,以于敉宁、武图功⑪。我有大事⑫!休⑬?"朕卜

181

并吉[14]!

【注释】

①绍:卜问。明:通"命"。

②命日:占卜前要将所占之事向鬼神提出,称为"命龟",即此。

③西土人:指周朝派往东土的管叔、蔡叔等一班监视武庚的人。

④越:同"惟",语气助词。蠢:蠢动,不安分。小腆:小主,指武庚。腆,通"敠",主。

⑤诞:发语词,无义。纪:整理。叙:通"绪",旧的法纪传统。

⑥疵:毛病,这里指周室内部的不团结。

⑦予复:恢复旧邦。此引武庚之言。

⑧鄙:使成为边鄙。

⑨今蠢今翼:(武庚他们)像害虫蠢动、恶鸟飞扑一样。蠢,虫子蠕动的样子。翼,通"翅",鸟飞的样子。

⑩民献:臣服于征服者而仍统治本族的贵族。十夫:一群人。予翼:倒文,即"翼予",辅佐我。

⑪于:往。敉:安抚平定。图:大。

⑫大事:这里指战事。

⑬休:美;善。

⑭卜并吉:殷周进行占卜时,用三个卜人进行占卜,这里就是说三个龟壳都显示了吉兆。

【译文】

自从老天降下威严,我就用文王传下来的大宝龟来卜问天命。我祷告说:"西方有很大的灾难,西方人也不平静了,不安分的殷人小主武庚,妄想恢复旧业!老天爷给我们降下威严,他们知道我国出了些问题,百姓也不安起来,就叫嚣说:'我们要借此光复旧业!'妄想把我周邦作为他们的属地。现在他们就像鸟虫一样蠢动飞扑。近日,幸好在归顺我们的殷人里,有一批贵族辅助我,一同去完成文王和武王的大功业。现在我准备发动平定叛乱的战争。请问这次是吉还是凶?"结果,三个龟壳全都呈现出吉兆。

肆予告我有邦君越尹氏、庶士、御事曰①：予得吉卜，以惟以尔庶邦②，于伐殷逋播臣③！

【注释】

①肆：因此。尹氏：周王朝的史官，职掌书写王命。

②以：率领。庶邦：许多属邦。

③于伐：去征伐。逋(bū)播：叛乱；逃亡。

【译文】

现在我告知你们各位邦君和各级官员：我已得到了很吉利的卜兆，我要率领你们去讨伐殷国那些逃亡叛乱的人！

尔庶邦君越庶士、御事罔不反曰①："艰大②，民不静，亦惟在王宫、邦君室③，越予小子考翼④，不可征。王害不违卜⑤？"

【注释】

①反：同"返"，复命，回答上级。

②艰：困难。

③王宫：管叔、蔡叔是周朝亲族。邦君室：管叔、蔡叔是分封土地的诸侯。

④越：发语词，无义。考翼：当作"孝友"，指父兄。

⑤害：同"曷"，何。

【译文】

但是你们许多邦君和各级官员无不反对我："困难很大呀！民心也不平静，而且这些乱子就出在我们王朝的宫廷和王族诸侯的室家之间，并且是我们的长辈，可不能大行征伐啊！王啊，您为什么不违背卜兆呢？"

肆予冲人永思艰，曰：呜呼！允蠢鳏寡①，哀哉！予造天役②，

周书

遗大投艰于朕身③。越予冲人不卬自恤④,义尔邦君越尔多士、尹氏、御事绥予曰⑤:"无毖于恤⑥!不可不成乃宁考图功⑦!"

【注释】

①允:实在。蠢:扰乱。

②造:遭。役:役使。

③遗:通"惟"。大:语气助词,无义。

④卬(áng):我。恤(xù):忧。

⑤义:宜,应当。绥:告诉。

⑥无:发语词,无义。毖(bì):谨慎,勤劳。

⑦宁考:即"文考",指周文王。

【译文】

因此,我对这些困难作了深沉的思考,我要对你们说:唉!这些叛徒真的蠢动起来,使百姓遭到灾难,真痛心啊!我受老天爷的差遣,艰巨的任务压到了我的身上。如果我还不知忧苦这样的大事,那么你们各个邦君和各级官员正该劝谏我说:"您为什么不仔细地考虑呢?应去完成您的先人文王的大功!"

已!予惟小子不敢僭上帝命①。天休于宁王②,与我小邦周。文王惟卜用③,克绥受兹命④。今天其相民⑤,矧亦惟卜用⑥。呜呼!天明畏⑦,弼我丕丕基⑧。

【注释】

①僭:不信。

②休:嘉惠,庇护。

③卜用:用占卜。

④绥:继承。

⑤相:辅助;帮助。

⑥矧:又。

⑦天明畏：即"畏天命"。

⑧丕：大。

【译文】

唉！我绝不敢不信天命。老天爷嘉奖文王，使我们小小的周国兴盛了起来。文王就是由于懂得遵照占卜行事，才能继承大命。老天爷还会降福给我们的，只要我们能依照占卜行事。啊！天命威严可畏啊！大家一同来辅佐我成就基业吧！

王曰：尔惟旧人①，尔丕克远省②？尔知宁王若勤哉③！天閟毖我成功所④，予不敢不极卒宁王图事⑤。肆予大化诱我友邦君⑥：天棐忱辞⑦，其考我民⑧，予害其不于前文人图功攸终⑨！天亦惟用勤毖我民⑩，若有疾⑪，予害敢不于前文人攸受休毕⑫！

【注释】

①惟：乃，是。旧人：指曾经辅佐过文王的人。

②远省：当作"遹省"，遵循。

③若：如此。

④閟（bì）毖（bì）：谨慎诰教。所：所在，所由。

⑤极卒：赶快完成。极，通"亟"。

⑥化诱：教导。

⑦棐（fěi）忱（chén）：不信。棐，通"匪"，非，不。忱，通"谌"，相信。辞：当依《唐石经》作"辞"，同"台（yí）"，我。

⑧考：成全，安定。

⑨害：通"曷"。其：语气助词，无义。

⑩勤：劳，征伐之役。

⑪有：为，治疗。

⑫攸受休：所受上天的庇佑。毕：祛除（疾病）。

【译文】

王接着说：你们这些人，很多是我先文王的老臣，文王的遗轨你们能够很好地遵循吗？你们知道文王是如何的勤劳吗？现在老天爷已经把成功的道理教给我了，我实在不敢不完成文王的事业。所以我深切地告诫各位邦君，老天爷并不是随便信任我的，只是为了安定我们的民众才这样的。我怎么敢不为先王遗下的伟大功业争取最后胜利呢？现在老天爷又要派我们的民众东征了，正像治病一样，我应为先王所受天命而去彻底清除它！

王曰：若昔朕其逝①。朕言艰日思②。若考作室③，既底法④，厥子乃弗肯堂⑤，矧肯构⑥；厥父菑⑦，厥子乃弗肯播，矧肯获。厥考翼其肯曰⑧："予有后弗弃基?" 肆予害敢不越卬敉宁王大命⑨！

【注释】

①若：如。昔：前面。其：之。逝：通"誓"，发誓。

②言：于。

③考：父。

④底：定。法：指造房屋的构图尺寸规定。

⑤乃：尚且。堂：这里用作动词，指堆土以奠定房基。

⑥矧：何况。构：建造房屋。

⑦菑(zī)：刚耕的土地。

⑧翼：通"繄"，语气助词，无义。其：哪里会。

⑨越卬：于我，即趁我这一生。

【译文】

王又说：像前面我对你们所宣谕过的，我正天天思考出兵东征的困难。打个比方吧，就像一位父亲想造房子，已经定好了建筑的规划，他的儿子却连堆土夯房基的工作都不能做，更何况去搭架梁椽呢？又如一位父亲把地耕好了，他儿子却不肯播种，更不用说收获了。这时父亲难道还能说"我有好后代，不会毁弃我的基业"吗？所以我才及早努力继承、完成文王所承受的伟大天命。

尚
书

若兄考①,乃有友伐厥子②,民养其观弗救③？

①考:终。

②友:群。伐:侵伐,欺侮。

③民养:指奴隶,仆人,这里可理解为周室官员。观:观望。

【译文】

又好比兄长死了,坏人成群来欺侮攻伐他的儿子,百官们可以袖手旁观不去救援吗?

王曰:呜呼!肆我告尔庶邦君①,越尔御事:爽邦由哲②,亦惟十人迪知上帝命越天棐忱③,尔时罔敢易法④;矧今天降戾于周邦⑤,惟大艰人诞以胥伐于厥室⑥;尔亦不知天命不易⑦。

【注释】

①肆:今。

②爽:尚且。由哲:亦作"迪哲",昌明顺利,指文王、武王之时。

③十人:指一批大臣,十是虚数。迪知:用知。越:及。棐:匪。忱:信。

④易法:废弃。

⑤戾:定,上天的命令。

⑥大艰人:指武庚、管叔、蔡叔等叛徒。胥:相。厥室:叛周者的家室。

⑦不易:不变。

【译文】

王又说:啊!现在我要告诉你们各个邦君和官员们:我们周邦国势昌明顺利,那是由于有一批贤臣,他们能了解上天的意旨。你们不能轻视这些事,何况现在老天爷又给我们周邦降下定命,注定了那些发难的叛乱之徒只会相互毁掉自己的家室。难道你们还不知道上天的命令根本不会改变的吗？

予永念曰：天惟丧殷，若穑夫①，予曷敢不终朕亩！天亦惟休于前宁人，予曷其极卜②？敢弗于从率宁人有旨疆土③，矧今卜并吉。肆朕诞以尔东征！天命不僭④，卜陈惟若兹⑤。

【注释】

①穑夫：农夫。穑，耕稼。

②极：通"亟"，赶快。

③从：遵守。率：语气助词，无义。宁人：即文王。旨：美好。

④僭：不信。

⑤陈：陈列。若兹：像这样。

【译文】

我经过了深远的思考，认为老天爷早已决定要灭绝殷商。好像农夫种地一样，我哪敢不顺着天时把自己的农活都干完呢？从前上天给文王降下福命，我为什么不能像先王那样抓紧进行占卜？就是为了守住文王开创的大好疆土。何况现在占卜都已得到吉兆！所以我就要率领大家东征了！天命不可不信，占卜就清楚地说明了这一点！